こころを満たす智慧

『歎異抄』を読む

団塊世代の仏教入門

三明智彰

産經新聞出版

こころを満たす智慧

団塊世代の仏教入門

『歎異抄』を読む

三明智彰

はじめに

日本は今、四人に一人が六十五歳以上という世界に先駆けた超高齢社会になっています。今、七十歳から六十五歳くらいの方々は、〝団塊世代〟と言われる世代です。本書は、親《しん》鸞《らん》聖人の教えが説かれた『歎異抄《たんにしょう》』をテキストにして、東京は大手町のサンケイプラザホールで開かれた「団塊世代のための仏教入門」という五回の講座を書籍としてまとめたものです。

私自身は昭和二十九年生まれなので、ベビーブームの後世代です。大学入学は学園紛争が大分落ち着いた時期でした。団塊世代の方々が学生運動を頑張ったり、七〇年安保で奮闘していた後の時期です。私は、革靴やサンダルではなく、毎日、運動靴を履いて学校に行っていました。時に、鉄パイプを持った過激派がキャンパスに乱入するおそれもあったので、いつでも走って逃げられるようにでした。

団塊世代の方々は、日本の高度経済成長を支えてきました。モーレツ社員とか企業戦士と言われるくらいに働いてきた世代です。それも一段落し、子育ても終わり、孫ができて、お婆ちゃん、お爺ちゃんと言われるようになられた方が多いと思います。

さて、これからどのようにして人生をまっとうしていくか。

これはたいへん大事な課題です。

そこで、今回の「団塊世代のための仏教入門」の企画が立ち上がったのです。

ですから、必然的に「老病死」がテーマになってきます。特に「死」というのは、人間にとって、逃れることのできない大きな問題ですね。けれどもこの「死」の問題は、団塊世代だけではなく、私達人間すべての共通した問題です。

「老病死」に向き合う。それを正面から見つめたのが釈尊の教えであり、仏教です。ですから、この本は団塊世代のみならず、すべての人にとって興味のある、大きな問題を追求した内容になっていると思います。

仏教入門として本書で取り上げる『歎異抄』は、親鸞聖人の教えが説かれた書物です。親鸞聖人といえば浄土真宗の宗祖ですね。

「南無阿弥陀仏」という念仏で知られています。

しかし、南無阿弥陀仏は知っていても、それが本当は何を意味しているのかを知る方は少ないと思います。

実はこの念仏は、亡くなった人の霊魂を成仏させるためのものではなく、私達、現実世界に生きている人々のためのものなのです。

念仏は私達が明るく、前向きに、この人生に感謝して生きていく力になるのです。

えっ、そうだったの？　と思うかもしれません。

けれども、それは本当のことです。

私達日本人が仏教伝来以来受け継ぎ、称え続けてきた念仏は、私達がより良く、より幸せに生きるようにとの願いから生まれました。これによって親鸞は、念仏によって心満たされる人生を生きると示されました。

本書は、「南無阿弥陀仏」によって明るく生きましょう、というメッセージが含まれた仏教の入門書です。

実際の講座が元になっていますから、できるだけ噛《か》み砕いた言葉で、ざっくばらんに、時には冗談を交えながら、同じことをくり返し、仏教や親鸞聖人の教えについて語らせていただきました。そういう意味では、仏教入門であると同時に、これまでは難解とされていた『歎異抄』の入り口としても、役に立つように工夫しました。


人生の様々な悲しみ、苦しみから学び、「南無阿弥陀仏」で幸せに生きる。

本書がそんな仏教理解の一助になれば、こんなに幸せなことはありません。

●目次●

第二章

仏教とは人が仏になる教え

第三章 南無阿弥陀仏は、感謝の言葉

第四章

極楽は、法の楽

目次

第一章

「老病死」と向き合う

人は、亡くなるまで発展途上

老いること、病むこと、死ぬことを「老病死」と申します。一般には嫌がられることかも知れませんが、仏教はそのこと自体に向き合うことから始まります。

今は、アンチですね。アンチエイジング（若返り）というのが流行《はや》っていますが、「アンチ」というのは「反対」ということです。老いに反対するから「アンチ老」。病気にならないために「アンチ病」。それから死なないように「アンチ死」。年を取らないように、病気にならないように、死なないようにどうすればいいか、今まで私達は必死に考えてきました。

テレビのコマーシャルか何かで「黒豆を酢につけて食べるとたいへん良いんです」なんて言われると、みなさんバーッとスーパーに買い物に走りますね。「今度はコラーゲンでございます」とか、「グルグルグルコサミン」なんて宣伝があると、また急いで買いに走るのです。そうやって頑張っても、鏡を見れば「あーあ」ということになります。お互いには「あらー、久しぶり。ちっとも変わらないわね」と言いながら、内心では「相当変わったわね」なんて思っているわけです。

老いること、病むこと、死ぬこと、こういうことに「反対」ばかりするのではなく、きちんと人生の内容として向き合う。このことを教えてくださった方が、私どもにとっては釈尊なのです。

仏教入門講座ということでお話しさせていただく今日は、ちょうど二月十五日です。釈尊が亡くなった日です。この日を涅槃会《ねはんえ》といいます。たまたまのことに違いはありませんが、稀な有難い機会ですね。

沖雅也という俳優がいました。背が高く二枚目で、ファンがいっぱいいたと思います。「涅槃で待つ」という言葉を残されて、彼は亡くなられました。自殺でした。涅槃というと死を連想して、ネガティブな意味に取る人が多いかもしれませんが、決してそうではありません。

涅槃というのは「ニルヴァーナ」、あるいは「ニッバーナ」というインド語が元です。「ニーバン」というのは台湾の人に聞いた発音ですが、ちゃんと聞いたわけではないので間違った発音かもしれません。

インド語で「ニッバーナ」。これはパーリー語です。それから「ニルヴァーナ」はサンスクリット語です。その音を聞いて、インドの言葉を音で漢字に訳したのが「涅槃」です。

涅槃とは燃え盛る炎が消えたしずかな状態。つまり、煩悩がなくなった覚りの状態を指します。

涅槃図という絵があります。沙羅双樹の木と呼ばれますが、サーラという木が二本ずつ並んでいる間に敷物を敷いて頭を北に、顔を西に、右脇を下にして釈尊が亡くなられたという絵があります。

周りにはお弟子さんが居り、動物達も集まっています。釈尊を産んでわずか一週間で亡くなった摩耶夫人《まやぶにん》が心配して天の世界から降りてきて、我が子のために投げた薬袋がサーラの木に引っかかっています。薬を投げたということで「投薬」という言葉が生まれたということです。我が子の病気をなんとしても治したい、という慈愛の心がもとなんですね。

涅槃図を見て、十五日だなとわかるのは絵の上の所に、まん丸のお月様が描かれているからです。十五日だと満月です。農家の方々は旧暦といって、お月様の暦で農作業を今も行っている所もあるでしょう。明治以後、ヨーロッパの太陽暦を使うようになり、旧暦と日にちがずれるようになりました。しかし、太陽暦で二月十五日を涅槃会の日ということになってきました。

釈尊は八十歳で亡くなりました。クシナーガラという所のサーラの木が二本ずつ立っているその林の中に、枕を北に顔を西に右脇を下にしてお休みになって亡くなられます。

そこから「北枕」という言葉も出てきました。人生を完成した釈尊の姿から来たのですが、北枕というと「縁起でもない」と旅行に行くときは磁石を持って、「北はどっちだ」なんていう人がいますね。

しかし、この涅槃図は人生の完成が命の終わりであるということを表現しているのです。亡くなった時に、その人がどういう人だったということが本当にわかる――そういういただき方をするのが仏教なのだということです。

「ガイカンロク」という文章があります。「ガイ」というのは「蓋」、「カン」というのは「棺」。棺に蓋をするという意味です。「蓋棺録」です。何のことかというと、この人はどういう人だったかということが亡くなって初めてわかるということです。例えば百歳で亡くなるとしても、九九・九％まで発展途上なんですね。私達は最後の最後どうなるかわからない。棺に蓋をした時、本当のその人と出遇うことができるのです。

今は、お葬式と告別式はセットになっています。告別式という言葉は明治以後出てきた言葉です。中江兆民というルソーの翻訳などをやった方が、無宗教で葬儀を行いたいとして、それで葬式、火葬は仏教だから、宗教色をなくした別れを告げる式をしたいということで告別式と言ったそうで、それが今もずっと使われるようになったのです。

しかし、亡くなるということは別れるということだけではありません。実は、出遇い直しが始まるのが亡くなるということなのではないでしょうか。出遇い直しとは、亡くなった人の思い出や言葉が、私達の所に何度も何度も帰ってくるということです。

そこで釈尊が亡くなったというところから、教え子達が何を習ったのか、何を学んだのかということを整理して、お経ができました。そういう流れが仏教です。

「老病死」と正面から向き合うのが仏教

お釈迦様はインドの釈迦族という部族の王様の跡継ぎ息子でした。紀元前六世紀頃、釈尊が皇太子として生まれたのがルンビニの花園です。私もお参りに行ってきました。今はネパール領なのですが、その花園は、日本国がたくさんの寄付をして、世界的な公園として整備されています。

お花畑で赤ちゃんが生まれた、といったらメルヘンチックでたいへん素晴らしい情景ですね。

けれども、実はおかしい。

何故か？　王様の子供が野外出産するかというと、しないものです。それで切迫早産だったのではないかと推察できます。生まれた赤ん坊に天の神が甘露を注いだというエピソードは、蘇生術で水を浴びせたとか、そういうことではないでしょうか。

釈尊は無事に生まれたものの、産後の肥立ちが悪くてお母さんが亡くなった。自分が生まれたことでお母さんの命を縮めてしまった。今、優しく育ててくださっているお母さんは、母の妹なのだ。そういうことが釈尊の心にあったのだと思います。

インドの習慣なのでしょうが、釈尊が生まれた時に、占い師に「この子供の将来はどうですか？」と見せたら、占い師が泣いたということです。

「私は嬉《うれ》しいけれど、悲しい。この赤ちゃんは武器を持てば世界を支配する。そういう人になるだろう。けれど武器ではなく真の道理を説けば世界の人を教え導く人になるだろう。それを老齢の私は見ることができない」ということで泣いたのです。

王様になって、武器を以て世界を支配するような人になるのなら、父親の王様も「それは結構なことだ」と思うでしょう。しかし、もしも法の道理を以て人々を導くという存在になれば、インドの習慣では出家をすることになります。つまり父の王の跡継ぎをやめて、職業もすべて離れて、「人生の真の意義は何か」ということを考えて修行する者になる。

出家されたら釈迦族の跡継ぎがいなくなって困ると思った王様は、息子を恵まれた環境の中で育てて「人生とは何か」ということを考えないように、あれこれ工夫したそうです。

周りには若い青年男女を侍《はべ》らせ、御馳走と美酒。暑い時は涼しい所、また湿り気のある季節には湿度が低い所へと住まいも変えます。下着はカーシー産といって、絹織物の最高級品を身につけさせて何不自由なく過ごさせていたのです。

ところが、二十九歳の時に釈尊は出家して、修行者になってしまった。

何故か？

ある時、城の東の門を出ると、若き釈尊は老人に会いました。

「あれは何だ？」

「あれは老人でございます」

「ああいう生き物がいるのか？」

「違います、人間です、王子様も今は若くて美しくても、必ず老いるのです」

「私がそうなるのか」と釈尊は驚き、東の門からお城に帰った。

次に南の門から出た時に、病人に会いました。

それから西の門から出た時に、お葬式を見ます。

人は老い、病み、死ぬ——東、南、西の門でそういうことに気が付いたのです。

そして最後に北の門から出た時に、修行者に会いました。

「修行者とは何か？」

「出家して人生の真実の意義を探求していく人のことです」

それで釈尊は「私もいつの日か必ず修行者になろう」という決意をして時を待ち、二十九歳の時に出家しました。

ここでの根本問題は「老病死」です。そういうことを、ただ嫌がったり、反対しないで、自分自身の問題なんだと向き合ってきちんと考えていく。それが釈尊の教えです。これが、いまのこの集いまでずっとつながっているということになります。釈尊が亡くなってから、仏教はざっと二千五百年の歴史があって、そういう中に私達のこの集いがある。これはたいへんなことなのではないかと感じます。

ふと思い立って、今日、ここに参加されたという方もいるかもしれませんが、ここは二千五百年の伝統があるんです。

今日は、よく会えましたね。来たいから来たと言う人もいる。来たい人でも来られない人がいる。来たくないけれど来た人は少ないでしょう。とにかくここにいるということは、仏縁です。よくぞこうして会えました。

これは自由意志の問題かといえば、それだけではありません。自由意志、私の考え、私の気持ち、意見だけではこうはいかないのです。

例えば、大雪が降りました。大雪が降っていたら来ることはできません。昨夜、地震でちょっと揺れました。ひどい地震があれば来ることはできません。停電でも来ることはできません。条件が整って、今日、来ることができました。よくぞお会いできました。条件のことを縁と言います。縁によって生じたものを縁起という。すべてのものは条件が整って成立します。だから条件が変われば、変化していくのです。どんどんこの条件は変わっていきます。

縁起を条件にすると、「無常」という道理があるのが見えてきます。無常とは常なるものが無いということです。何一つ、一定の状態のものはない。無常を承知すると「老病死」というものが避けられない事実なんだということが見えてきます。こうして人生を正しく見ていきましょう。

正しい、正しくない、の判断基準は色々な考え方があります。

「どうか年を取らないようにしてください、と祈りましょう」という考え方もあるかもしれません。

しかし釈尊によると、どれほど祈っても老いる、病む、死ぬ、ということは避けられません。それなら人生は悲しい、寂しいですかというと、いやいや限りがあるから、今日一日、一日を大切に、という風に捉えられるのです。人に会った時も、

「今日もよく会えましたね」

「朝、お連れ合いの顔見ましたか？」

「おはようございます。よくぞ会えました。よくぞ会えたましたね。ありがとう」

眠っているうちに心臓が止まったら起きられないですから。

そうやって挨拶できるようにもなれば、この世の中も人生も明るくなるんではないでしょうか？

仏教というとなんだか暗いイメージがあるかもしれません。

「老病死」を見つめる――決して明るくはないでしょう。明るくはないけれども、やたら暗いというわけではない。

この世界には、無常という道理があります。道理をちゃんと見つめていきましょう。仏教はそういう教えです。

限りある命を今、今日一日、大切に生きる――

仏教はインド、中国、日本と伝わってきました。日本に入ってきたのは聖徳太子の時代ですね。それから約六百年後、鎌倉時代に親鸞という人が出ました。

親鸞は一一七三年、京都にある藤原の分家の分家の分家に生まれました。藤原家の本家は摂政関白太政大臣等々、最高裁長官と内閣総理大臣と国会議長を兼ねるような、そういうような地位と権力を持っていました。その分家の分家の分家で、「皇太后宮の大臣有範の子也」と伝えられています。皇太后というのは、天皇のお母さんの宮というので、皇太后の機関、それの大臣という身分です。いわば中級管理職の身分の有範という人の子でした。

幼少のうちに両親を失い、出家修行者になったというのが親鸞聖人の生涯の仏教の学びに入るところでした。

両親を失ったというけれども、お父さんの方は亡くなったのとは違います。日野有範は、後白河天皇の皇子である以仁王《もちひとおう》と平家打倒の乱を起こして失敗した源頼政の親戚筋です。「驕《おご》る平家を打倒せよ」という以仁王の命令が全国の源氏に配られて、最終的には源頼朝によって平家が倒されるということになるわけですが、前哨戦では平家が勝ちました。源頼政は、宇治の平等院の戦いで平家に敗れ、以仁王と一緒に亡くなります。その親戚筋が親鸞の父である有範で、以仁王の漢文や文章の先生が親鸞聖人の伯父です。そういう関係があって、政治的な問題に巻き込まれて親鸞のお父さんは隠遁《いんとん》するのです。隠遁といったら今は別にそう大したことないと思われるかもしれませんが、今の言葉で言うと蒸発です。

今、「蒸発」の番組はあまりないですね。「この人です！」と写真を出して、ここにほくろがあります。こういう人なんです。どうぞ一言、「お父さん早く帰ってきて！」とかそういうのを蒸発と言いますが、当時の隠遁は一切家族との縁を断ち切ることです。世俗との関係を断ち切って、行方知れずになるのが隠遁だったわけです。ですから死んだも同然なのです。そして、母親も亡くなったということで、親鸞は幼少期に両親を失うことになります。親鸞は子供の時の名前は松若丸といいますが、九歳の時、伯父さんに連れられて、出家修行者になります。

親鸞はまず、伯父の日野範綱に連れられて青蓮院という天台宗のお寺に行きます。そこで九歳から二十九歳まで学ぶのですが、出家の儀式を執り行う時に、頭をツルツルに丸めるのです。男も女も、基本は頭をツルツルにする。

どうして頭を丸めるかというと、地位や名誉を表すのが髪の毛だからです。髪の毛があるとどうしても鏡を手に分け目を見たり、女性ならかんざしを差したり、飾りを付けたりしますね。かんざしを選ぶのに一生懸命で、一時間かかるかもしれません。そんな外側の美貌のことばかり気にせず、修行に励みましょう、ということです。

高校野球の選手達は大抵丸刈りです。甲子園でずっと勝ち上がっていくチームで髪型が自由なチームは少ない。やはり丸刈りで猛烈にやっています。

親鸞聖人も髪の毛を九歳の時に剃《そ》りました。その儀式の時に、「今日は遅いから明日にしましょうか」と大人同士で話をしていたということです。その時に松若丸が九歳にして詠んだ歌というのが、あの有名な、

明日ありと思う心の仇桜《あだざくら》　夜半《よわ》に嵐の吹かぬものかは

という歌です。

「夜中に嵐が吹かないということがありましょうか、いいえ、いつ嵐が吹くかはわからない。そのようにこの私の命も明日あるとは限らないから、本日ただいま出家の儀式をしてください」

歌の由来、歌の方の研究をする方の中には「和泉式部の歌があってそれをアレンジしたんだ」と言う方もあるようですが、とにかく親鸞が詠まれた歌ということで伝えられているのです。

桜の花に私達のこの生きている命、あるいは美貌、体力を喩《たと》えているわけです。夜中に嵐が吹いたらあっという間に散ってしまう、今日はあっても明日ということがあるとは限らない命です。美貌の方もご注意ください。だからその限りある命を今、今日一日、大切に生きていきましょう。そういうことが、歌の形で教えとして親鸞の教え子達に伝えられてきました。

ちなみに、教え子のことを門徒と言いますね。門徒の門は、教えのことを意味します。徒は生徒の徒です。門徒と言えば、元々は浄土真宗の信者達のことを指します。

煩悩に満ちているからこそ『歎異抄』に学ぶ

その親鸞が九歳から二十九歳まで、煩悩を断ち切って覚りを開くために比叡山で修行を行い、二十年間向き合ってきたのが、「煩悩だらけの自分」ということです。

煩悩とは何か？

親鸞聖人の定義は、「煩は身を煩わす、悩は心を悩ます」というものです。

簡単に言うと悪い心です。

欲しい、欲しい、もっと欲しい、というのが貪欲《とんよく》ですね。

「あなたいい物持ってるね、ちょっと見せて」

「ちょっと見せたら、取られるから駄目よ」

「ケチ」と怒るのが瞋恚《しんに》と呼ばれる怒りの感情。

「それがどうした文句があるか、みんなそうだろう」と思うのが愚かな考え方であり、愚痴《ぐち》ということです。

貪欲と瞋恚と愚痴、これ三つを三大煩悩——三毒といいます。

毒というのは中毒の毒です。この毒に本当に当たってしまうのですね。それで体の具合が悪くなってしまい、人相も悪くなってしまう。

姿勢も悪くなります。肩こりとか、頭痛とか、そういうのも出てくる。何を食べてもまずくなります。怒りながら食べたら、美味《おい》しいものも美味しくなくなりますね。御馳走でなくても、機嫌が良ければ食事は美味しいものです。ご飯だけでもよく嚙むと甘いし、美味しく感じることができるのです。心が最大の調味料なんです。食事もよく進むし、「ああ、美味しかった御馳走様。おやすみなさい」とよく眠れる。

煩悩は、毒で私を苦しめます。それから自分が毒に当たるだけではなく、人にも迷惑をかけてしまいます。そういう恐ろしいものが、私に数限りなくあるということを「煩悩具《ぼんのうぐ》足《そく》」と言います。「具足」というのは「完璧に具《そな》わっている」という意味です。

この煩悩具足の者が、どうしてこの人生にお礼を言えて、生きてゆけるようになるか、というのが親鸞の問いでした。

「ありがとうございました。産んで育ててくれてありがとうございました。ああ、本当にお世話になりました」

とお礼を言って人生を終わりたい。そうやって終わるのにはどうしたらいいか。それを妨げるのが煩悩で、具足というのは煩悩が完璧に具わっていることです。

例えば鎧兜《よろいかぶと》、全部揃《そろ》っているのを具足といいます。鎧はあるけれど兜はないというのは危険です。逆に兜はあるけれど、鎧は持っていないとなるとこれも危ない。鎧兜に手甲脚絆《てっこうきゃはん》を付けて完全武装、ヨーロッパの鎧なんて体全部を覆ってしまう。そういうようにして完璧に全て揃う。これが具足です。

「私は欲深いけれど、やきもちは焼かないわ」と。そういう人はいません。実は、全部一通り揃っています。

「あなたケチね、もうちょっと気前よくすればいいのに」そう言っている人もケチなのです。

「私はそんなことないわ」と言っても、大体一通り揃っているものです。

煩悩を他人事にせず、親鸞聖人は自分を「煩悩具足の身」とおっしゃったのです。

この煩悩具足の者が、煩悩で動いているこの世の中で、どうしたら真実の生き方ができるかを求めもとめて、比叡山を下りて法然という人に遇《あ》ったのです。その時、親鸞は二十九歳でした。

その出遇いの感動が、語られているのが『歎異抄』です。

二十九歳の時、親鸞は法然上人に自分自身の悩みをすべてさらけ出し、生きる道を尋ねます。

その時に「ただ念仏して弥陀にたすけられまいらすべし」という言葉をいただきました。

「ただ念仏」という一筋の道を法然上人から親鸞は習いました。ただ本で読んで習ったのではない、直《じか》に対面して教えていただいたのです。

『歎異抄』第二条に示されている出遇いです。

法然上人に遇い、言葉に遇い、「本当の教えをいただいた」と親鸞は感動したでしょう。その出遇いの感動が、九十歳で亡くなるまで生涯を貫いている。そういうことがよく窺《うかが》われるのが『歎異抄』なのです。

親鸞といえば、まず『歎異抄』。社会科の教科書に必ずと言っていいほど出てきます。その『歎異抄』に学んで参りたい、というのがこの「団塊世代のための仏教入門」です。

『歎異抄』の作者は、弟子の唯円

『歎異抄』は親鸞聖人から話を聞いた人が書いているというのが特徴です。親鸞本人が書いているのではなくて、親鸞から直接話を聞いた人が書いているのです。

それが序文からしてわかります。「先師口伝《せんしくでん》」先師という言葉がある。「故親鸞聖人」という言葉もあります。これは親鸞聖人の教え子でないと書けない文章です。

『歎異抄』の「歎異」とは、「歎く」に「異なる」という字です。これは漢文の文体です。「歎く」は悲しい、辛《つら》い、困ったなどという気持ちですね。歎くという動詞の目的語が「異」です。「異なることを歎く」が最初の二字です。

それに「抄」の字が付いています。「抄」は、大事なことを抜き出して集める、そういう意味です。

高村光太郎に『智恵子抄』という詩集があります。団塊世代の方はご存知の方も多いと思いますが、精神病にかかってしまった妻の高村智恵子との思い出を書いた詩集です。「レモン哀歌」などが知られています。

そんなにもあなたはレモンを待つてゐた

で始まる詩です。

高村光太郎は智恵子の最期の様子を、詩に詠んでいます。「トパアズいろの香気が立つ」といった美しい表現があり、「写真の前に挿した桜の花かげにすずしく光るレモンを今日も置かう」と結ばれます。

「智恵子は東京に空が無いといふ」という有名な詩もありますね。千鳥と遊ぶ智恵子とか、智恵子との様々な思い出を詩にしています。もっともっとたくさん色々の出来事があったけれども、大事な事柄を抜き出して集めた、というので「抄」という字を用いて『智恵子抄』というタイトルになったのだと思います。今風に言うと、大事なことを抜き出して集めたノート、覚書ということでしょう。

『歎異抄』の発音ですが、「たんい」と読まずに音がつながって「たんに」と読みます。「ん」と「い」の字がつながって「に」と発音します。「たんにしょう」と読みます。意味は、「異なるを歎く小編」ということです。

次に、誰が書いたのかということですが、作者は弟子の唯円《ゆいえん》です。

江戸時代までは作者が誰かというのは、はっきりしないままで来たのですが、三河に了《りょう》祥《しょう》という人が出まして『歎異抄』を綿密に研究されました。その結果、『歎異抄』の中の第九条と第十三条に親鸞の話し相手として声を掛けられている弟子の唯円その人が書いたとしました。本人でなければ書けない文章があったのです。過去の助動詞で直接経験を表す「き」が出てきます。親鸞聖人に直接お遇いして、お聞きしたことを書いたということがわかるわけです。

直接経験した人の文章と人から聞いて書いた文章とでは雰囲気もまた違います。親鸞聖人と出遇い、話し、感動したという気持ちや、尊敬する先生の教えが正しく伝わっていないという歎き——聞き書きではなく、直弟子が肌で体験し、感じたことを残した本だからこそ、読み手にダイレクトに伝わるものが『歎異抄』にはあるのです。

唯円はどういう人かというと、水戸の河和田という所にある報仏寺というお寺を開いた人です。彼は親鸞聖人の直弟子で五十程年齢が若い人だったと推定されます。五十歳も離れた子供を連れていたら、「お孫さんですか?」と聞かれるでしょう。それほど年の離れた教え子が、幸いにも健康で長生きして、親鸞聖人から習ったことを記してくれた。それが『歎異抄』です。これによって親鸞聖人の教えが残りました。

先生の教えが正しく伝わっていないことを嘆く――

『歎異抄』は、親鸞聖人が書いたものではなく、お弟子さんが書き残したものです。ところが、そこに不思議な説得力があります。

前序と呼ばれる序文を見ますと、「出遇いの書」だということがわかります。

竊《ひそ》かに愚案を回《めぐ》らして、ほぼ古今を勘《かんが》うるに、先師の口伝の真信に異なることを歎き、後学相続の疑惑あることを思うに、幸いに有縁の知識によらずは、いかでか易行《いぎょう》の一門に入ることを得んや。全く自見の覚悟をもって、他力の宗旨を乱ること莫《なか》れ。よって、故親鸞聖人御物語の趣、耳の底に留まるところいささかこれをしるす。ひとえに同心行者の不審を散ぜんがためなりと、云々

（『歎異抄』、真宗聖典東本願寺出版部刊〔以下、真宗聖典とする〕六二六頁）

「竊かに愚案を回らして、ほぼ古今を勘うるに」とは、静かにそっと愚かな考えをめぐらして昔と今を考えてみると、ということです。

「竊かに」という字は、親鸞聖人の著作である『教行信証』にも度々出てくる重要な言葉で、仏法を尊び敬う姿勢の表れです。

「古今」とは、親鸞聖人が生きておられた昔と亡くなって二十数年が経過した今ということです。

「先師の口伝の真信に異なることを歎き」の「口伝」というのは先生が直接お話しして教えてくれることです。宗派によっては、口伝というのは、師匠から特別に一対一でそっと教えられる奥義を指しますが、この『歎異抄』は先師口伝の真信を公にしてくれる本なのです。

「故親鸞聖人御物語の趣」とあります。物語とは「物」を「語る」ということです。「御」の字が付けば、お話しになられたということです。

「故」と言っているから、今は亡き親鸞聖人がお話しになられたことの趣旨を「耳の底に留まるところ」つまり、「胸に深く刻み付けて忘れられないことを記します」と言うのですから、親鸞聖人の話を直接聞いた人が書いた本だということがわかるのです。

それではどういう気持ちで書いたのかというと、「異なるを歎く気持ちで書いた」というのです。先生が直接伝えてくれた教えと、先生が亡くなって二十数年経った今、異なることが伝えられているのを歎く――だから歎異抄なのです。

『教行信証』はじめ、親鸞が書いたという文章はたくさん残っています。しかし、親鸞聖人から教わった人が書いているところに、『歎異抄』の不思議なまでの影響力や魅力があります。

『歎異抄』は前序だけ漢文で書かれています。日本人なら和文で書けばいいのに、序文だけは漢文なのです。

漢文は日本人だけの文章ではありません。中国だけでもなく、東シナ海からぐるっと取り囲む地域――中国からベトナム、台湾、沖縄、日本、韓国、朝鮮が漢字の文化圏です。漢字の文章が漢文です。日本のみならず、漢文が読める人達に向けて書いたのでしょう。

眼を広く世界に転じるとラテン語の文化圏というのがありますね。英語、ドイツ語、フランス語、イタリア後、スペイン語、ポルトガル語もラテン語が元になっています。さらに遡るとギリシャ語が入ったりしています。それでヨーロッパの文芸も、哲学も、改まった文章になるとラテン語で書いたという作品が多いのです。

欧米の高校生達が苦手なのはラテン語だという話があります。日本の学生が苦手にするのも古文漢文ということが多いですね。欧米の小説なんかを読んでいますと「またラテン語の時間だ」とうんざりしている学生の主人公がよく出てきます。大体ラテン語の先生と古文漢文の先生は雰囲気が似ているらしいです。「ヤッホー」「よっ」と軽い感じで教室に入って来る古文漢文の先生はなかなかいないのと同じで、生真面目で改まった感じの先生が多いのでしょうか。

親鸞聖人御自身が書いた『教行信証』は全部漢文です。返点・送り仮名はあるけれども、全部漢文で通しています。これはどうしてかというと、やはり漢文が認知されている世界――中国、韓国、朝鮮にベトナム、沖縄、台湾に自身の著作を読んでもらいたい、というような意欲があったのだと思います。

すべての人が平等にできるのが念仏修行

『歎異抄』の序文の中には、「後学相続の疑惑あることを思うに、幸いに有縁の知識によらずは、いかでか易行の一門に入ることを得んや」という言葉があります。「易行の一門」というのは、念仏の教えのことです。

念仏とは「南無阿弥陀仏」です。

称えていると「ナマンダブ」になります。

念仏は大人も子供も称えることができます。まだ歯が生え揃っていない子供でも「ナマンダブ」と称えることができる。老人になり、歯がなくなっても「ナマンダブ」と称えることができる。頭が良い人も良くない人も、関係なくできる。金持ちも貧しい人もできる。どなたも分け隔てなくできる。

何故か？

容易だからです。

親鸞聖人のお師匠さんである法然上人は「易きが故に一切に通ず」とおっしゃいました。一切の人ができる――つまり、皆同じ修行ができるということです。

反対に、難行というものがあります。例えば、一月中旬から下旬の大寒の頃に、滝の水を浴びる修行があります。暑い時期にシャワーを浴びるのではなくて、一番寒い時期の寒修行です。人のできないことをやれ、というのが難行です。病気の人はもちろん、体の弱い人は無理です。若くて元気のある時しかできません。

また山々を休みなく千日も歩き続けるという千日回峰行という修行があります。これは達成した人はごくわずかしかいないということです。

あるいは、座禅です。これも本格的にやるとたいへんです。足をしっかり組んで、結跏《けっか》趺坐《ふざ》という座り方をします。背筋を伸ばして、口を結んで、歯茎の裏に舌の先がちゃんと付くようにして、顎を引いて、天地の軸と自分の背骨の軸とを一つにする。そして「ひと一つ、ふた一つ」と数を数えつつ、吐く息を大事にして座る。何事も考えない。何事も考えないということも考えずにただ座る。

何事も考えないと言われると、ますます考えてしまいます。考えてはいけないというと、ますます考えてしまう。「鍵をかけてきたかしら？」「夕方のご飯何にしようかしら？」とチラッチラと考えてしまう。どうすればいいかというと、そのまま雑念を放っておいて、ただ座る。そういう修行があります。難行ですね。

念仏の道は、「なむあみだぶつ」と声に出して称える道です。簡単で、誰にでもできます。ところが簡単過ぎるので、疑い深い人は素直に従うことができません。

念仏の道は他力の道です。

他力とは自分以上の何かに任せる、おすがりするということです。そのためには、まずはまことの師との出遇いがなければできません。親鸞聖人にとって、まことの師とは法然上人であり、唯円にとっては親鸞聖人でした。

他力とは、「お蔭さま」のはたらき

序文には「全く自見の覚悟をもって、他力の宗旨を乱ること莫れ」とありますが、自分勝手な覚りの見解で他力の教えを乱してはいけない、ということです。

他力というのは、他の力と書きますが、他人の力ではありません。人間の思いはからいを超えた真実のはたらきです。これは実は、仏様のはたらきです。

他力とは、私達人間の思いはからいを超えて、私達を生かしてくれているはたらきそのものです。

例えば、日本語の「お蔭さま」というのがそれです。

「お宅のお父さん、お元気ですか？」

「はい、お蔭さまで元気です」

と答えるとします。これに対して、

「そうでしょう、私のお蔭です」

と言う人がいたらおかしいですね。誰とは言わず、蔭ながら支えてくださっている人や、物や、事のはたらきのことを「お蔭さま」と言うわけです。いい言葉ですね。それが他力のことです。

序文には続いて「ひとえに同心行者の不審を散ぜんがためなり」とありますが、その中の「同心行者」とは心を同じくして修行する人のことです。

つまり、「念仏を称える人々の心を乱さないために、この『歎異抄』を書いたのだよ」と言っているのです。

一緒に修行する人といっても、山の中に籠もった白装束の集団のようなものではありません。親鸞の教えに集った人は、在家大衆です。頭を丸めてお寺に籠もる出家信者ではなく、常の職業を持ち、生活している人が圧倒的多数です。そういう人々がそれぞれの場所で親鸞の話を聞いて、語り合って、共に考えた――それがお寺のおこりです。

集って教えを聞き、語り合い、人生の意味を確かめる。その場所がお寺になってきたのです。そこに集う教え子達を「同心行者」と言っています。

老若男女問わず、俗世に暮らしている人達が平等に念仏を称え、時に語らいながら修行をする。

このシンプルな親鸞の修行法は、日々、時間に追われて生きている私達現代人にもマッチしているのではないでしょうか。

阿弥陀仏は神ではなく、人だった

「南無阿弥陀仏」という念仏は「阿弥陀仏に帰依します」ということです。

それでは阿弥陀仏とは何でしょうか。

阿弥陀とは、無量無限という意味です。

何が無量無限かといえば、命と光が無量無限ということです。

命とは、温かい慈悲を表します。

光とは何かというと、闇を破る、真の智慧《ちえ》を意味します。

智慧と慈悲の限りがない。

これが阿弥陀です。

仏とは覚者です。

その阿弥陀仏というのは「超越的存在」かというと、そうは言わないのが仏教です。キリスト教における「神」「GOD」とは違います。

阿弥陀仏という仏は、元は人間でした。

だから、人間が仏になることを目指して修行するのが仏教です。

その仏を目指して修行する人間を「菩薩《ぼさつ》」と言います。菩薩というと仏様のように思うかもしれませんが、実は、我々、仏道を歩む修行者のことなのです。

だから皆さん、たくさんの菩薩がいるはずです。「菩薩の皆さん」と呼ばれたら、ぜひ「はい」と返事をしていただきたいものです。

お地蔵さんに秘められた思い

覚りを求め、勇敢に進む人。それをインド語で「ボーディサットバ」と申します。「ボーディ」は覚り。「サットバ」は衆生――人のことです。その言葉の発音を漢字に当てはめ、「菩薩」と言うのです。

観音《かんのん》菩薩、勢至《せいし》菩薩、文殊《もんじゅ》菩薩などの絵や彫刻がありますね。菩薩には大体髪の毛があります。これは在家の修行者だからです。

その中に、髪の毛のない菩薩が一人だけいることに気付くでしょう。それは地蔵菩薩です。頭がツルツルなのです。何故か？　地蔵菩薩というのは生まれてすぐの赤ん坊の姿の菩薩だからです。昔は、不遇にも生まれてすぐ亡くなる赤ん坊が多かった。だから三つとか五つとか七つとか、よくぞここまで生きたとお祝いをしました。それが七五三の始まりです。まずは三つまで生きるというのがたいへんだったのです。あちらこちらにお地蔵様が祀られているのは、昔は、子供がたくさん亡くなったということがあるからです。

飢饉《ききん》の時、お腹がすいたと最初に死んでいくのは、体の弱い子供達です。戦争でも犠牲になるのは無力な子供達です。残念ながら、何にもしてあげられないで死んでしまう。そういう子供達のことを何とか助ける菩薩がいて欲しい、という願いから、地蔵信仰というものが出てきたのです。

地蔵菩薩と言えば、賽《さい》の河原で石を積む子供の話があります。

親に先立って亡くなってしまった子供は、その親不孝の報いで仏の世界に行けない。そこで親の供養のために石を積んで、供養塔を作ることを思い立ちます。賽の河原で、「一つ積んでは父のため、二つ積んでは母のため……」と石を積むのです。何で石を積むかというと、塔を建てるためです。石を五つ積むと五重塔になる。これを「ストゥーパ」と言います。塔を石で積んで作って、「お父さん、お母さんが幸せに暮らせますように」と死んだ子供の方が祈るのです。

これはとても大事な話です。死んだ人は関係ないのではなくて、亡くなった人が私達のことを想ってくれているということです。しかも、まだ物心つかない子供達が親のために祈って、小さな子供達が、賽の河原で必死に石を積んで塔を作っていると、鬼がやってきて、バラバラに壊してしまう。それを地蔵菩薩が助けてくれるというお話です。観光名所やお寺や町角で何気なく目にしているお地蔵さんは、実は、そういう由来なのです。

仏陀は一人ではない

菩薩は在家の修行者のことですが、阿弥陀仏も元は法蔵菩薩という修行者でした。菩薩の時代に願いを起こして、その願いの実現のために実践修行をし、願いが完成して、仏陀になったのです。
仏陀というのは釈尊一人のことを指すのではなく、「目覚めた人」のことです。目覚めのはたらきです。

「自覚覚他《じかくかくた》、覚行窮満《かくぎょうぐうまん》、これを名づけて仏といふ」

仏には、こういう定義があります。中国は唐の時代の善導大師の言葉です。

自ら覚り教えを説いて他人を覚らせることを「自覚覚他」といいます。自ら目覚める、他を目覚めさせる。「覚行窮満」は目覚めのはたらきがどこどこまでも、窮《きわ》まり満ち満ちている——それを仏という。

自分で目が覚めた。覚ったというだけでは駄目ということです。人を覚らせる、人を目覚めさせる。それだけでも足りない。目覚めがどこどこまでもはたらくのが仏だというのです。哲学的に言うと「絶対無限」です。

智慧と慈悲に満ちた絶対無限の仏陀を「阿弥陀仏」と言います。

ところが、この絶対無限の仏陀は、ずっと仏陀だったかというと、元があるというのが、親鸞の教えなんですね。

阿弥陀仏もまた、人でした。修行時の名前は法蔵菩薩といって、元々国王だったということです。国王が仏陀の説法を聞いて、阿弥陀仏になったのです。王子だった釈尊の話と似ていますね。けれども法蔵菩薩の話は、もっとはるか昔の時代のことだったとされています。

えっ、仏陀ってたくさんいたんですか？　と驚かれることでしょう。

いきなり仏が出てきたのではない。釈迦を導いた仏もいるということです。過去の仏がたくさんいるのです。

過去の仏達をずっと遡っていくという話は、『徒然草』にもあります。

「仏を教えたのは誰？」と子供が聞きます。

「仏様だよ」とお父さんが答えます。

「その仏様を教えたのは誰？」

「仏様だよ」

「最初の仏様を教えて」

お父さんは答えられない。

息子の知恵がついてきたのをお父さんが友達に話して、「困った子供だ」と喜びながら言ったという話があります。

実は、ずっと仏を遡っていくと阿弥陀仏を教えた仏がいます。

それが世自在王仏《せじざいおうぶつ》という仏です。

「王」は王様ではなくて、仏の名前です。

世自在王仏という仏の下で、国王が仏法を聞いて、そして王様の地位や名誉や財産を捨てて、一人の修行者となって法蔵になる。そういうことが『大無量寿経』というお経に書いてあります。

国王は、インドでいうと国の最高権力者です。最高権力者も実は不自由なのだ、世に自在なものではないということです。

例えば、現代でも隣国の権力者は、夜も眠れないでしょう。ミサイルを打ち上げたりしているけれど、側近がどんどんいなくなっています。疑心暗鬼になっている。独裁者で権力者だと言われているけれど、心は不安に満ちているのでしょう。

それが本当の王様でしょうか？

王様ではありません。

権力者で王様だと言っていても、なお不自由なのです。

本当の自由自在は、仏陀のことなのだと「世自在王仏」という名前が表しています。

「私も世自在王仏のようになりたい」

国王はそういう願いを立てます。

自分が仏陀になるだけではない。

一切の生き物がすべて平等に救われるようにしたい。

痩せて、疲れて、病気で辛い思いをして、泣いている一切の衆生達皆に喜びを持った生き方をさせたい、という願いを起こしました。

自分自身の存在全体を懸けて、一切の生きとし生けるものが救われなければ私は仏にはならないという誓願――それが法蔵菩薩の誓願です。

その願いの実現のために国土を浄める修行をして、実現された世界を浄土と言います。

五十歳年下の弟子との誠実な対話

それでは、念仏を称えれば、浄土に生まれて仏陀になり、生きとし生けるものを救うことができるのでしょうか？

どうしてそのことを信じることができるのでしょう？

『歎異抄』の第九条に、著者である唯円の名前が出てきます。師の親鸞聖人に、弟子である唯円がこんな質問をしているのです。

「先生、お念仏しているんですが、ちっとも元気が湧いてこないんです。お浄土に参りたい気持ちもないんですけど、一体どうしたらいいでしょうか？」

親鸞は念仏に生涯を懸けた人です。「首を切られても念仏だ」と言った人です。念仏弾圧で仲間は四人も首を切られて、自身も流罪になっています。命懸けで念仏を教え、広められ続けてきた人です。その親鸞に対して、「念仏しても喜びの心がまばらで、早く浄土に往きたい気持ちもない、一体どうしたらいいのでしょう？」と若い弟子が聞いたのです。

親鸞の答えは意外なものでした。

「親鸞もこの不審ありつるに、唯円房おなじこころにてありけり」

この返答で、質問者が唯円であるということがわかるのですが、実は、親鸞も「自分にもこんな疑問がずっとあった、唯円も同じ気持ちだったのだなぁ」と答えているのです。

これは驚くべき誠実な答えです。未熟な弟子を叱るのではなく、自分も同じ気持ちがあると正直に答えているのです。

若き求道者の質問に、誠実に答える親鸞。ここには年齢や立場、経験の差を越えて、心の底を打ち明けて語り合った真の対話が行われています。こういうところが親鸞の大きな魅力なのではないでしょうか。

「よくよく案じてみれば」と親鸞は、続いて自分の心を見つめます。「喜べないのは煩悩のせいである。煩悩に本当の喜びは一つもない。しかし、喜べないからこそ阿弥陀の本願が頼もしい」と説くのです。これは驚くべき展開です。

唯円は親鸞と五十も年が離れていたと言われます。

五十も離れていたら孫ですね。五十歳も年下の唯円に真剣に自分の気持ちを打ち明けられて、正面から対話をしているのです。だから唯円はこの時の対話を深く深く心に刻み込み、『歎異抄』に残したのです。それを現代の我々が読み、心を打たれる。とても素晴らしい師弟関係ではないでしょうか？

親鸞は六十二、三歳まで関東で教えを説かれ、その後は八十代後半まで京都で著作したり、教えたりしていましたが、唯円は最も若手の弟子だったのでしょう。『歎異抄』の内容から、おそらく親鸞の最晩年に話を聞いたものだと思います。親鸞が八十歳なら、唯円は三十歳くらいですね。もしかしたら二十代の時に出遇ったのかもしれません。

私は今、六十二歳です。五十歳年下の弟子がいたら、十二歳ということになります。十二歳の教え子が出てくるかどうかわかりませんが、孫のような年の離れた弟子に対して、こんな風に率直に、本音で語り合うことができる親鸞聖人には、ただただ頭の下がる思いがします。

親鸞は九十歳まで生きましたので、唯円は四十歳くらいで親鸞を見送ったことになります。直接話を聞いた教え子の生き残りとして、親鸞はこういうことを言った人だよ、と書いたのが『歎異抄』なのです。

生きた親鸞聖人と直に触れ合い、語り合い、心を震わせた人が書いた――だからこそ、この書物には私達の心を打つ力が今でもあるのです。

歎きの情が戦争をなくす

『歎異抄』は、文字通り「異なることを歎く」という本です。その書名は、後序と呼ばれる文章の中に、

「かなしきかなや、さいわいに念仏しながら、直《じき》に報土にうまれずして、辺地《へんじ》にやどをとらんことを。一室の行者のなかに、信心ことなることなからんために、なくなくふでをそめてこれをしるす。なづけて『歎異抄』というべし。外見《げけん》あるべからず」(『歎異抄』真宗聖典六四一頁)

このように書いてあるんですね。

前序には「異なることを歎く」とあり、本の最後の後序には「なくなくふでをそめてこれをしるす」とあります。筆を染めるというのは、普通、筆に墨を付けるということです。それを泣きながら、筆を染めて、涙で書いたというのです。

「外見あるべからず」は外に公にして好き勝手に見せないようにしてください、という

ような意味です。何故かというと、師匠を同じくする同門の教え子のために書いたからというのです。

全編を貫くのは、「泣きながら」という気持ちや「嘆く」という気持ちで書きましたということです。親鸞の教えが、正しく伝わっていないことを弟子である唯円が嘆いているのです。

現代の我々にとってはどうでしょう？

信心の違い、意見、考えの違いについて、どう対応するかというと、「あいつは変わった奴」「何あの変な人」「顔も見たくない」「意見が違う人は出ていってください」となりがちではないでしょうか。排除するでしょう。

特に宗教において、意見の違いというのは危険なものです。正義を立てると当然、正義でないものが出てきてしまいます。それで宗教の名において戦争が起きてしまうのです。

中東に何故戦争があるかというと、本当の目当ては石油だと私は思います。その石油をどうやって取り合うかというので宗教を利用し、「イスラム教の正義のために」と人々を乗せて、猛烈に争わせているのです。

正義を立てると、必然的に正義でないものが出てくる。大体どんな喧嘩でも正義から始まります。

「お前が悪い」

「正しい私のことを悪いと言うおまえが悪い」

これでは相手を否定するだけで、歩み寄るところはありません。相手を否定することで自分も否定され、喧嘩になってしまうのです。

相手のことを「バカ」と言うのは、自分が賢いと思っているから相手のことを「バカ」と言うのです。

もしも誰もが自分のことを賢いと思っていたとしたら、「バカ」と言われたら当然、腹が立ちますね。腹が立つから相手を否定し、喧嘩が起こる。自分のことを賢いと思っている人ほど、実はバカなんです。

「私バカよね、おバカさんよね♪」という歌がありますが、こういう方が本当は賢いんです。

「私バカよね」と言っていたら、喧嘩になりませんね。

「ごめん、私が悪かった」と言ったら喧嘩にはなりません。

「お前が悪い」と言うから喧嘩になるのです。

お互いに正義を主張して、それが国家規模になると戦争の始まりです。

人間は、価値観、意見が食い違うと、「違う」「間違っている」と排斥しがちです。ところが、『歎異抄』の場合は「歎く」のです。

「異なるを歎く」

これがどういう気持ちから出てくるのか、よく味わいたいところです。

今は亡き親鸞聖人の教えが異なって、間違った形で伝えられているのを歎いているということです。自分の心を打ち震わせた先生の教えを悪用したり、金儲けや、自分のエゴイズムのために使う教え子達がいることを悲しんでいるのです。

滅多にない気持ちです。

例えば、いたずら好きな子供が他所《よそ》の家のガラスを割ってしまったり、何か失敗した時に親が出てきて「すみませんでした」と謝ることがあると思います。

「どうしてそういうことになったかねえ、ほんとにねえ」と子供が悪いのだけれど、子供の失敗を親が悲しむことがあるでしょう。

「あなたをこういう具合に育てたのは私だし、悪かったねぇ」と子供に詫びる親も珍しいでしょうけれど、中にはあるわけです。

それは何故かというと、相手を本当に大事に思っているからです。

大事に思っている相手に何とか立ち直ってもらいたい。何とか気が付いてもらいたい。

そういう気持ちから「歎き」という気持ちは出てくるのではないでしょうか。

これは現代人が忘れがちな情です。

自分自身のことを嘆くのではなくて、自分の子供の失敗を嘆く。

あるいはさらに自分の友達の失敗を嘆く。

間違った道に進んでいる人を嘆く。

間違いに気が付いて、立ち直ってもらいたい。こういう情で貫かれているのが『歎異抄』であると思います。

歎きというのは、慈悲の心情でしょう。

こういうところから、『歎異抄』を読んでいきたいのです。

異なることを歎く心。

団塊世代の仏教入門ということで、『歎異抄』を取り上げますが、この嘆きの情というものの奥深さを最終的には味わっていただければと思います。

第二章

仏教とは人が仏になる教え

縁というのは良い意味

私は生まれは青森県です。弘前市の明教寺というお寺の子として生まれましたが、現在は九州に住んで、大学に勤めています。

私が学長をさせていただいている九州大谷短期大学の「大谷」とは「親鸞聖人の精神に基づく教育を行って参ります」という名のりです。

大谷は「大きい谷」と書きますが、元々は土地の名前です。京都の東山の大谷という所に親鸞聖人のお墓ができたのです。その親鸞聖人のことを慕ってお墓にお参りした人々が「どういうことを教えていただいたか」を省みて語り合い、そういう場所がお寺になったのです。それが大谷の本願寺の由来です。

龍谷大学という西本願寺の学校がありますが、龍谷というのも「龍が住むような谷」すなわち大谷と同じことなんですね。西本願寺も東本願寺も元は一つの本願寺で、住職さんの姓は大谷さんといいます。

龍谷と大谷と相まって、親鸞聖人による人間教育の大学なのです。

私は今、東京でこうして仏教のお話をしています。青森、九州、東京と不思議な仏の縁に運ばれてきたのです。

皆さん、ここに集っているのは不思議な縁なのです。

何か一つ違えば、皆さんも私もここにいなかったでしょう。

縁というのは、仏教では大事なことの一つです。

原因があれば結果がある。この原因から結果を成り立たせるのが縁の働きです。つまり、因と果を結びつけるのが縁なのです。

何か出来事が起こった時に、ただ原因だけ究明しても駄目なんですね。どうしてそういう具合になったか、という状況こそが縁というものです。縁があるから原因と結果が結び付きます。

因は原因。果は結果。植物に喩えれば、因が種だとすれば、果は果実――実りです。種から実がなりますか？　因と果の二つだけでは果実はならない。

種を蒔《ま》かなければ芽は生えません。種を蒔いて、水をやって、お日様の光を受けて、窒素、リン酸カリウムなどの肥料があって、虫がいて、花が咲いて、それで受粉してやっと実がなる。その因から果に向かう矢印のところに色々なものが絡まるのを縁と言うのです。

縁があるから植物が生成する。

縁は、条件であり、きっかけです。

家にも、昔は縁側というのがありました。今は縁側のある家が少なくなってきていますね。縁側があるためには庭がなければなりません。庭から母屋に入る所に石が置いてあって、ちょっと上がる廊下がある所が縁側です。今、「エンガワ」と言えばヒラメのエンガワを先にイメージしてしまうかもしれません。

縁というのは「へり」という意味があるのです。庭と家の「へり」。端っこです。脳の中でも〈大脳辺縁系〉という部位があります。脳の周辺の部分です。

縁があるから結び付くきっかけになるのです。男と女がいても、すぐに結婚という具合にはいきませんね。縁というきっかけがなければ、どれほど愛しく惚《ほ》れあっていても、どういうわけか一緒になれない場合があります。喧嘩ばかりして仲が悪いのに、それでも別れない場合もある。そういうのも縁次第です。

縁は、日本人が仏教から学んだ大事なものの考え方です。

自然、人間関係、家庭、社会、今まで無意識に受け容れていたものを、「縁があるからこの世界は成り立っている」と理解できるようになったのです。

縁は、この世界を成り立たせているありがたいはたらきです。「縁」があるから「起」が生じる。すなわち縁起ですね。

それなのに「縁起でもない」とかネガティブなイメージで縁は使われることが多いので

す。「因縁」というと、道を歩いていて肩がぶつかって「おいおい、どこ見て歩いてんだ」と因縁を付けるとか、「因果」というのも「何の因果で」と悪いイメージがありますね。

しかし、縁というのは良いことでもあるのです。

善き先生、友達との出遇いによって人は成長する――

『歎異抄』の前序には、「有縁《うえん》の知識」という言葉があります。

「幸いに有縁の知識によらずは、いかでか易行の一門に入ることを得んや」

「真の師匠によらなかったらば、どうして迷いから離れることができようか」ということです。真の師匠を「有縁の知識」と呼んでいます。

「有縁」とは迷いから出離する縁です。

「有縁の知識」の「知識」というのは、先生や友達のことです。

善い先生は「善知識」と言います。悪い先生、悪い友達は「悪知識」と言います。

有縁の知識とは、重要な意味があります。

これは元々は漢文なのですが、唐の時代の善導という人の文章です。

「自身は現にこれ罪悪生死の凡夫《ぼんぶ》、曠劫《こうごう》より已来《このかた》、常に沈み、常に流転して、出離《しゅつり》の縁あることなし」と信ず。

「自分自身は今現在、罪悪を抱え、生死の迷いから抜け出せずにいる凡夫である。ずっと遠い過去から今まで常に悪道に身を沈め、流転している。そういう迷いの世界から離れる手立てを持たないのが自分なのだ」という意味です。

「出離の縁」というのは「迷いから出る離れる縁」という意味です。ここにも「縁」という言葉がありますね。

善導大師は『観無量寿経』を細かく解説して、解釈を正した人です。「信ずる心」とはどういうことかについて、重要な言葉を残されています。

「阿弥陀仏がいるとか、極楽浄土があるとかそういうことを信じなさい、というよりも先のことがある。自分自身が何者かということを知らなければならない。それが信心の一番大事な事である」

と説かれたのです。自分が「煩悩具足の凡夫」であるということを知る――だからこそ阿弥陀仏の救いの対象になるのです。

つまり、罪深く、愚かで、無力な自分という存在の自覚こそが、他力の道につながっていきます。自分一人だけで救われようとしても、簡単ではない。不可能ということです。

無縁といえば、どこをどう叩《たた》いても助かる手掛かりがないという「縁なき衆生は度し難し」という言葉がありますね。しかし、縁なき衆生をこそ救おうというのが、仏教であり、大慈大悲でないといけないのです。

縁がないからといって、見捨てておくことはできません。そこで「縁なき衆生に何としてでも縁になり、手掛かりになろうとするのが阿弥陀仏の慈悲なのだ」と教えているのです。

その慈悲に帰依することが「南無阿弥陀仏」という念仏です。

序文の「幸いに有縁の知識によらずは」というのは、ちょっと師匠と触れ合ったというだけで出てくる言葉ではありません。一度出会ったら別れることがない、一生を大きく変革するような大事な出遇いがあったことを意味します。

善い先生や友達がいなければ、ただ自分だけで考えていくようになっていきますが、それでは誤りやすいし、間違いやすいのです。

善き先生や友達がいてこそ、自分自身の成長がある。そうした「有縁の知識による」ことが本当に幸せなことなんだ、と『歎異抄』では言っているのです。

心から「先生」と言える人がいる人は幸せです。今は先生が死んだのでいなくなった、といってもそんなことはありません。先生は亡くなっても、先生です。教え子の胸にずっと残っています。

「先生にこういうことを教わったな」

「先生だったら今、どういう具合におっしゃるだろう」

そんな風に、亡くなってもずっと教え導いてくれる。そういう先生がおられる方は幸せだと思います。

だから『歎異抄』では「幸いにも」と書かれているのですね。著者の唯円は親鸞聖人に遇われたという「縁」を持ったのですから、「幸い」なのです。

念仏はトイレの中で称えてもいい

続いて「易行の一門」は念仏の道のことですね。

念仏は、具体的に何のことでしょうか？

「念」は念《おも》い続ける、忘れないという字です。

つまり念仏は、「仏を念い続ける、忘れない」という意味です。

そうすると大体、黙ってじっと念い続けるという具合に私どもは考えやすいのですが、それができるかというと、そう簡単にはできませんね。

念い続ける手掛かりは、声に出して言うということです。それで「南無阿弥陀仏」と称えることが念仏です。

善導大師、あるいはその前の道綽《どうしゃく》禅師。日本では源信、法然。そういう称名念仏の先達の教えを受けて、親鸞があります。

念仏といえば声に出して「南無阿弥陀仏」と称えることです。

「南無阿弥陀仏をずっとご記憶ください」と言う必要はありませんね。一生懸命記憶する必要はありません。長くもないし、難しくもない。「南無阿弥陀仏」くらい、誰でも言えますね。

長い呪文を先生が唱えられて、「さぁどうぞ」と言われても、そう簡単に言えません。魔除けのお札の言葉とか、真言にそういう呪文がありますが、さあどうぞ、と言われてもそう簡単にはできない。

ところが「南無阿弥陀仏、さあどうぞ」と言われたら、「南無阿弥陀仏」と誰でも言えます。

南無阿弥陀仏を繰り返し称えていくと、「ナマンダブ」になります。

「ナマンダブ」になったらしめたものです。歯があってもなくても「ナマンダブ」。行じやすい、行いやすい、というのが念仏の道です。

いつでもどこでも、寝床の中でも、トイレの中で称えていいんですよ、という教えです。

「南無阿弥陀仏」を念じる道は、二股三股掛けない、ただ一筋の道というので「一門」と言います。

ところが、易行の一門に入るのは簡単すぎるから、なかなか入りにくいのです。何故なら、頭ではどうして救われるのかわからないので、念仏というものを信じなくてはなりません。だからその教えの門に入りにくい。そこに入ることができるのは、真の先生、友達に遇えたからだ、とそういう感謝の心から、こういう文章があるわけです。

他力は、私達の思いの他にあり

「南無阿弥陀仏」とはどんな意味でしょうか？

「南無」とは「深く信じ、従います」という意味です。

文字通り取れば、「阿弥陀仏を深く信じ、従います」ということです。

インドの挨拶が「ナマステ」ですね。

「ナマス」は南無。「テー」はあなた。

「あなたを敬います」という挨拶が「ナマステー」です。

そういうことを言われて、俺を馬鹿にしているのか、と怒るインドの人はいません。

動物園の猿だって怒りません。猿は馬鹿にされているのがわかるのです。馬鹿にするとお尻むき出し、ウーと怒って、水を掛けてきたりします。ところが手を合わせて「ナマンダブ」と言うと猿も静かにしているのです。私は動物園で試しましたが、本当です。どうぞお確かめください。

とにかく「ナム」というのは、「頭が下がります。深く信じ、従います」という意味です。

「阿弥陀」というのは無量無限。限りなき寿《いのち》と光です。光は智慧ですね。寿は慈悲です。

「大いなる慈悲と智慧の恵をいただいております。ありがとうございました」

というのが南無阿弥陀仏という言葉なのです。

それでそういう道に入ることができるのは、「有縁の知識（善き先生、友達）」によるお蔭である、と『歎異抄』では言っているのです。

ですからその逆に、

まったく自見の覚悟をもって
他力の宗旨を乱ることなかれ

自分勝手な覚りでもって、他力の宗旨を乱すことはいけません、と注意して言っているのです。

他力というのは、「他人の力」という具合に思う人が多いようですが、仏教用語では他人の力ではありません。自我の思いの他の「はたらき」のことを他力と言います。

具体的には何ですか？

私達の普段のものの思いではない、他のはたらきです。善いことを考えても、悪いことを考えても、私達は息をしていますね。心臓は動いています。そういうのが、具体的には他力の味わいになるわけです。

「人生が辛くて辛くて、死ぬことを考えていました」という人が手紙をくれたことがあります。

「一晩ずっとそんなことを考えていました。ところが夜明けになったらお日様が上がってきたのです。私が死のうと思って思い悩んでいる時も、お日様が誤りなく上がってきていたのです。それでどういうわけか、死ぬのを思いとどまりました」

そういうことが他力という言葉が表している心情です。私達を生かしてくれている、私達の自我のほかにあるはたらきすべてです。

ですから他力といえば、自然に「感謝」の気持ちとつながるわけです。

愛と慈悲の違い

『歎異抄』の後序は、次のような文章で終わっています。

「一室の行者のなかに、信心ことなることなからんために、なくなくふでをそめてこれをしるす。なづけて『歎異抄』というべし。外見あるべからず」

『歎異抄』は、名誉、名前を広げようという意図で書かれたものではありません。もちろん、有名になり、儲けようというつもりで書いたのではありません。

「異なるを歎く」というのは、第一章でも触れましたが、先師口伝の教えに異なるという、そういうことに対して「歎く」という気持ちで書きますということです。

「歎く」という深い心があるのですね。

「歎く」というのは、相手の立ち直りを願っているということです。人の失敗をあざ笑うのとは違います。例えば自分の子供が失敗した時、親は一緒になって泣くことがあるでしょう。自分の子供が何か間違いを犯したということについて、親が泣いて詫びます。

そうしたことがあるのは何故ですか？

愛情があるからですね。

その愛というのは、実は要注意なのです。仏教用語では「慈悲」というと、真実の愛のことを言いますが、「愛」というと、愛と憎しみは同体であるという否定的な意味で使われます。

愛すればこそ憎らしい。憎いけれど愛してる。これは八代亜紀さんの歌ですね。

「憎い　恋しい　憎い　恋しい　めぐりめぐって今は恋しい♪」

それが人の心なので共感を呼んで、ずいぶんとヒットしました。

可愛いからこそ腹が立つ。そういう愛は普段、我々が持っている愛ですが、中には見返りを求めない愛というのがあります。

これを無償の愛といいます。

それから魅力的なもの、価値あるものではなくて、弱いものや貧しい存在——そういうものに対する愛というのがあります。

これは高度な愛で、キリスト教の世界では「アガペー」という言葉があります。性愛など、人間的な欲望に絡むのは「エロス」といいます。エロスはこの世の中に満ち満ちていますね。

エロ・グロ・ナンセンスが跋扈《ばっこ》するたいへんな時代ですが、やはり相手のためを思い、涙するという心——アガペーの方を大事にしたいですね。つまり、慈悲の心です。

『歎異抄』の「歎く」というのは、慈悲の心と窺うことができると思います。

『歎異抄』を見ていけば、異端、意見が違う者を追放するとか、排撃するとか、そういう物騒な本でないということはわかります。

嘆く。この心情が一貫しているのが『歎異抄』です。

この「歎く」の気持ちは、愛憎の「愛」ではなく、真実の愛――相手のためを思い、涙をする「慈悲」の表れだと感じます。

今、現代社会の中に、「共に泣く」という歎きの心というのがおろそかになりがちなのではないでしょうか？

近年の日本では、災害支援というのが緊急の課題です。世界的に見ればテロリズムや貧困などの問題は尽きません。たいへんな時代だからこそ、現代人が今まで忘れていたことが問い返されているのです。

私達は他人のためを思い、涙することができるでしょうか？

災害、テロ、戦争、貧困、社会保障、様々な社会問題――こういう時代だからこそ、今、『歎異抄』を読んで参りたいと思うのです。

阿弥陀仏の意味は、限りなき光と命

『歎異抄』は十八条からなりますが、各条の最初に、「一《ひとつ》」という具合に書かれています。次の条になると、また「一」なんですね。この書き方は「目安書き」とか、「一つ書き」とか呼ばれる書き方です。

重要な項目を挙げていくのに、箇条書きの形で掟《おきて》を示す時などに使います。宮内庁の管轄の御陵とか、立ち入りについての制限とか約束条項がありますと、「一つ、なになにのこと」と書かれているわけです。

それで重要な事柄を書き記し示す「一」という書き方がここで使われている。

さて、『歎異抄』の第一条に触れてみましょう。

「一　弥陀《みだ》の誓願不思議《せいがんふしぎ》にたすけられまいらせて、往生をばとぐるなりと信じて念仏もうさんとおもいたつこころのおこるとき、すなわち摂取不捨の利益にあずけしめたまうなり。弥陀の本願には老少善悪のひとをえらばれず。ただ信心を要とするべし。そのゆえは、罪悪深重煩悩熾盛《じんじゅうぼんのうしじょう》の衆生《しゅじょう》をたすけんがための願にてまします。しかれば本願を信ぜんには、他の善も要にあらず、念仏にまさるべき善なきゆえに。悪をもおそるべからず、弥陀の本願をさまたぐるほどの悪なきがゆえにと云々」(『歎異抄』真宗聖典六二六頁)

第一条の最初は、次のような印象的な文章から始まります。

「一 弥陀の誓願不思議にたすけられまいらせて……」

ここで「弥陀」というのは何でしょうか?

口語訳では「阿弥陀仏」のことです。

阿弥陀は、無量無限という意味です。

仏は、仏陀、仏様のことですね。覚者。目覚めた人というのが、仏陀です。

つまり、阿弥陀仏は、仏が無量無限という意味ですね。

自分が目覚めるだけではない。

人をも目覚めさせる。目覚めのはたらきが、何処何処までも行き渡っているというのが、仏であるということです。

「阿」も「弥」も「陀」も意味はありません。漢字自体の意味ではなくて、当て字です。元の発音の当て字なので音写とも言います。

インドの言葉が中国に入った時に、文字が漢字しかなかったので、元の発音を漢字で書き表しました。今も、日本ではアメリカのことを米国と言いますね。それからフランスのことを「仏」と表記したりします。

そのような漢字でもって外国語を写すのが音写です。

インド語も英語も漢字で表現されてきましたが、基本は音写の当て字です。

当て字とは言え、漢字にはその文字自体に意味があります。音が似ているから適当に付けたわけではなく、できるだけ弊害のない漢字を当てはめたのですね。

「阿」というのが否定の言葉。「弥陀」というのが量とか限りという意味。つまり、「限りが無い」というのが阿弥陀です。だから漢字だけを見ると「弥陀」ではなく、本当は「阿弥陀」と言わなければ意味が逆になってしまうのですが、略して「弥陀」と言うことが多かったのです。

阿弥陀とは、無量無限という意味の古いインド語の「アミタ」を音写したものです。では、何が無量無限であるかというと、智慧と慈悲です。それが「無量光」「無量寿」と表現されました。

インド語のお経を見ると阿弥陀仏のことは、「アミターバ」「アミターユス」というように出てきます。アミターバは、無限の光。アミターユスは、無限の命。縮めると、「光寿無量」。それが阿弥陀という言葉の意味、内容です。

落語は、お寺から始まった

阿弥陀仏の意味である限りなき光と命――「光寿無量」の「寿」というのは「命」という意味があります。長寿といえば、長生きということですね。「寿」は、おめでたい意味で使われる言葉です。

「寿限無《じゅげむ》、寿限無、五劫《ごこう》の擦り切れ……」という落語の前座噺《ばなし》がありますが、「寿限無」というのは、限りなき命ですから、阿弥陀仏のことです。

この『寿限無』という落語は、生まれた子供がいつまでも元気で長生きできるように考えて、とにかく「長い」ものが良いととんでもない名前を付けた、という笑い話です。縁起の良い言葉をいくつか教えられて、どうするかを迷ったあげく全部付けてしまったという話もあります。

「五劫の擦り切れ」の「五劫」というのは長い時間のことです。「劫」というのはどれくらいの長さを表している単位かというと、高さ四十里、広さ四十里の石を三年に一度、天女の羽衣で撫《な》でて石が無くなるまでの時間と言われています。

その五倍――これが五劫だというのですね。

それが億倍だと億劫。億劫のことを「おっくう」と言います。面倒くさくてたまらない。劫というのは気の遠くなるくらいの長い時間です。

仏教では、「五劫の間、思案に思案を重ねて、一切衆生を平等に漏れ無く救うのに考えに考えた」という言い方で使われます。だから縁起の良い言葉の一つとして、「五劫」が落語に使われたのですね。

落語はどこから出てきたかというと、お寺から始まったという説があります。

元々「高座」という言葉は「お説教をする場所」を指していました。お坊さんが説教をするお寺の場所です。ところが、だいたいお坊さんのありがたい話は退屈なんです。聞いていると眠くなってしまう。眠くなったからといって、「起きろ」と怒るわけにもいかない。せっかくお寺に来てお話を聞いてくれているのだから、どうせなら興味深く聞いて欲しい。そこで時々、お坊さんが説教の間に、面白い話やおかしい話を挟んだのです。面白い話を聞いて、あははと笑うと、それで目が覚める。その面白い話を発展させていったものが現在の落語だと言われています。

落語の出所が仏教ということについてはいくつも説がありますが、京都は河原町蛸薬師《たこやくし》から西へ入った所、新京極に入る途中の誓願寺という浄土宗のお寺は、落語発祥の地ということで年に数回、落語会をやっています。

『寿限無』という落語があります。

まことの智慧は明るい

寿限無とは、命限り無しです。無量寿ですね。元々の言葉はアミターユス。それが阿弥陀仏です。

無量寿というのは無限の慈悲です。

「この子が大きくなるまでは死んでも死ねない」なんて、子供が生まれた時に思う親心ですね。

どうしてそう思うのですか？

子供が可愛いからですね。可愛いというのも色々問題がある時もありますが、子供のために我が身を捨ててても守ろう、育てようとするのが親の愛です。幼子に対して特にそういう気持ちが動く。それは慈悲の心でありまして、慈悲深い親が自分の長寿を願うのは、幼い我が子のために自分の長寿を願うのですね。無力な、弱い子供のために、命が限りない存在としてあり続けたいと願うのです。

そういうことから、アミターユスの限りなき命というのは、限りなき慈悲を表します。阿弥陀仏のもう一つの言葉の由来であるアミターバ――無量光というのはどういう意味でしょうか？

光は闇を破ります。闇とは、智慧がない状態のことです。仏教用語で「無明」と言います。「無明の闇」という言い方もありますね。闇を破る光。それがまことの智慧を表します。

だから限りなき命、限りなき光のはたらきというのが、阿弥陀仏である――こういう具合に説明されます。限りなき慈悲と智慧の存在ですね。

命というと、どうしても「俺の命」になりがちです。「自分だけの命、死んだら何もかもおしまいよ」と。

しかし、私どもの命はどこまで遡りますか？

お父さん、お母さん、おじいさん、おばあさん……数代遡れば何千人。もっと遡れば何万人もの人がいたから、私はここにいる。一人欠けても私はここにいることができなかった。

そうすると私の中には、たくさんのご先祖様方の命の歴史があるということですね。それどころではない。もっともっとずっと遡っていかなければならない。ご先祖様から、民族の歴史、ホモサピエンスの歴史まで遡って、さらに先まで行くと哺乳類の誕生からなお先です。

命の由来はどこまで遡りますか？

地球が誕生してから約五十億年と言われますが、生命の起源はどこから来たのかはわかりませんね。そういう点では、宇宙の始まりまでもずっと遡る必要がある。そういうことは普段は考えません。ですから「俺の命」などと思ってしまうわけなのです。

「俺の命」ではないのです。実は「公の命」です。

悠久なる歴史、命の歴史を背負って、今、「私」という者がいるんだな。こういう考えになるのは自然だと思います。

無量寿——限りなき命に生かされている。

このまことの道理に気が付けば、電気がぱっとついたように、明るくなります。

その光が、智慧のはたらきです。だから本当の智慧は明るいのです。この智慧は「まことの智慧」の話です。悪智慧は暗いですね。

まことの智慧というと、「正直」というものとつながるらしく、「正直者の頭には神やどる」という日本のことわざがあります。

まことの智慧は明るい。それで悪智慧は無明に陥りますから、どんどん暗くなってしまうわけです。

仏教は人が仏になる教え

慈悲と智慧が限りがない仏様達は、光り輝く姿で描かれます。

仏様だったら後光です。頭の後ろから光が出ているように描かれますし、キリスト教やイスラム教の聖人や天使達にしても、後光が描かれているでしょう？　つまり、人間的な愛を越えた限りなき慈悲の光として、宗教を問わずに、そういう光を持つ存在には後光が描かれているのです。

もう一つの阿弥陀仏の特徴は、限りなき命ですね。また限りなき真実の愛です。

光明無量、寿命無量の存在だからこそ阿弥陀仏は信仰対象になったのです。阿弥陀仏に限らず、手を合わせて人間が拝む対象としての神や仏というのは、共通して光明無量、寿命無量なのですね。

ところが阿弥陀仏には特徴があって、阿弥陀仏は最初から「在りて在るもの」ではなく、元があります。

その元というのは人間です。一人の人間が願いを発し修行して、仏になった。その願いがどういうものであるかが阿弥陀仏の話に必ず出てきます。

さて、仏教が他の宗教と異なる特徴は何ですか？

仏教という字を見ると、「仏」と「教」との二文字ですが、どういう意味ですか？

仏の教えです。

じゃあ以上説明終わりですか？　と言うと、もう一つどうしても外すことのできない意味があります。

それは、「仏になる教え」だということです。

仏教というのは、仏になる教え――これは珍しい宗教でしょう。宗教は色々あるけれど、「神になる」とはいいませんね。

キリスト教やイスラム教をどれほど信仰しても、信仰者は神にはならないでしょう。「神のお側にいる者になる」という、そういう言い方はしますけれど、神にはならない。日本には神になるという教えがあるにはありますが、それは仏教の影響だと思います。

元々、神と人間は断絶があるのです。キリスト教では、その断絶をつなぐのがイエス・キリストであるというような位置づけです。

ところが、仏は元は凡夫だったのです。普通の人だったのです。凡夫が仏になった。つまり、普通の人が仏になった。

この「普通の人が仏になるのが仏教である」という認識は、日本でも昔からありました。平家物語に、祇王《ぎおう》と仏御前《ほとけごぜん》の話があります。

白拍子の祇王という女性は、平清盛の寵愛を受ける時の人でした。白拍子というのは酒席に侍って、お酒のお接待や舞や音曲を奏でるという立場の人です。ところが平清盛の寵愛が新人の白拍子の仏御前という女性に移り、祇王は寵愛を失ってしまいます。彼女は清盛の下を去って、その嘆きの気持ちを次のような歌に残したというのです。

仏も昔は凡夫なり　われらも終《つい》には仏なり　何れも仏性具せる身を　隔つることこそ悲しけれ

「お釈迦様も昔は普通の人でした。私達も覚りを開けば仏様になれる身。いずれ仏御前と私も、仏様になれる本性をそなえた人なのに、私だけが差別されるのは悲しい」

祇王は嵯峨の奥に出家したということです。当時の芸事を代表する白拍子という立場ですから、相当な教養があった人なのでしょう。だからこそ「普通の人が仏になる」という仏教の真髄を知っていたのです。

仏教の教えは人が仏になる教え――日本ではすでに平安時代からこの仏教観が浸透していたわけです。

仏は人であって、人にあらず

人が仏になるのが仏教の特徴ですね。

お釈迦様はどうだったのですか？

元から仏でも神でもありません。元々は釈迦族の王子様で、お父さんとお母さんから生まれました。それで、様々な修行をして、我々と同じ人ながら仏になったと言われています。

仏というのは、漢字で元々「佛」と書きます。

「佛」というのは面白い字ですね。

人偏《にんべん》に弗《ふつ》。

「弗」はドルという意味ではありません。これは右側のつくりだけで「あらず」という意味があります。人偏は「人」を示します。

つまり、佛とは「人にあらず」です。

覚りを得た人は普通の人ではなく、仏になるという意味ですね。

佛陀《ブッダ》という発音をこの字を使って表したのです。大体は当て字だから意味はないはずですが、これは意味のある字を用いられたのですね。

人偏ではなく、さんずいを用いれば沸騰の「沸」になります。

沸騰というのはどういうことですか？

鍋に水を入れて、火をつけて、ずーっとグツグツ沸かしていくと沸騰してきて、そのまま沸騰させていると、あれ、水はどこに行ったんだ？　となりますね。空気中に水蒸気になっている。冷えるとまた水に戻る。もっと冷えると固まって氷になります。それが沸騰の沸という。

水でないようになるんだけれど、水のまま。分子式がH_2Oのままなんですね。というのが「沸」です。

それと同じように、「佛」というのは人なんだけれど、人ではないのですね。人ではないにもかかわらず、人の言葉を話すし、人の中に暮らすし、教え導いてくださる。

そういうのが佛です。

だから凡夫《ぼんぶ》が佛になる。

私ども、普通の人のことを凡夫と言います。欲望煩悩を持って生きているということです。その欲望煩悩を持った人が佛になるというのが仏教です。

お釈迦様だけではなく、阿弥陀仏にも元がありました。

それが法蔵菩薩の物語ですね。

阿弥陀仏という仏陀について詳しく書かれているお経があります。『大無量寿経』『観無量寿経』『阿弥陀経』という三つのお経です。三セットでこれを「浄土三部経」と言います。その中で特に『大無量寿経』に阿弥陀仏というのはどういう仏かということが詳しく説かれています。

阿弥陀仏も人であった、元は法蔵菩薩であった、という話が『大無量寿経』というお経に説かれているのです。

人間の本当の願いとは何か？

『歎異抄』の第一条には「弥陀の本願」という言葉が出てきます。

阿弥陀仏の本願です。

本願とは何でしょうか？

本願の「本」というのは、「昔」という意味があります。

「本願」というのもインド語から訳された言葉で、元々、プールバプラニダーナという言葉だそうです。

プールバというのが「昔の」「以前の」。

プラニダーナというのが「願い」。

そういう言葉で、それを「本願」と訳しました。音写ではなく、言葉の意味から訳した言葉なのですね。

本願とは、昔の願い。

それでは「昔」というのはどういう意味があるのでしょうか？

昔々……というと元にずっと遡っていくことになりまして、「本当」のという意味が出てくるのですね。

『昔の名前で出ています』という小林旭の歌があります。

「京都にいるときゃ　しのぶと呼ばれたの♪」

横浜の酒場に戻って、あなたが来てくれるのを待つから、昔の名前で出ています、という女性の歌ですね。「色んな人と会ったけど、あなたのことは忘れたことがないわ。昔の名前で出ています。本当に好きな人はあなたなんです」そういう歌なのでしょう。それを好きだとストレートに言わずに「昔の名前で出ています」と表現している。本当に思っている人がいる、という心を歌った歌です。

昔＝本当という意味です。

本願の「本」というのが、昔です。

「実は私、昔からそうでした」というのは、本音のことを言う時の表現ですね。

本願というのは、「昔からある本当の願い」という意味です。

では、逆に「本当ではない願い」とは何でしょうか？

年の初めに初詣に行きますね。テレビ局のマイクが待っています。

「あけましておめでとうございます。何を願いましたか？」

「家内安全、商売繁盛、無病息災、大学合格、恋愛成就です」

「ずいぶん祈りましたね。いくら入れましたか？」

「百円です」

そんな風に色々願いはありますけれども、だいたいは目先の願いなのではないでしょうか？

「宝くじが当たるように」と祈る人もあるかもしれません。

しかし、宝くじが当たると夜も眠れなくなるかもしれません。誰かに知られたらまずい、と当たった事実を必死に隠したり、夜中にがたんと音が鳴ると、五億円を狙って来たかとびくびくする。何もなければ安心です。枕を高くして寝られます。

宝くじが当たった人の話を聞くと、お金があって本当に幸せなのかどうか、と考えてしまいます。お金はあってもなくても苦の種だという話があります。どれほどの富を得ても、はーはーはー、とため息をついている人はいっぱいいるわけです。該当する方がいたらすみません。

気楽に「あはは」と笑っていられるのは、お金があり過ぎないからですね。宝くじが当たったと知られると、友達だけでなく、親戚まで増えるということですよ。「あんたのおじさんのおばさんの従兄弟《いとこ》の連れ合いのあれだから」なんて急に言い寄ってくる人が増える。

「あなたが好きです」と寄ってくる人も増えるらしいのですが、「あなたが好きです」の間に言葉が入っているわけですね。

あなた「の持っているお金」が好きです。それを省略して「あなたが好きです」というわけです。お金がなくなると、こういう人達はさっといなくなります。

芥川龍之介の『杜子春』という小説がありますが、飲めや歌えやの大騒ぎをしている間はみんな寄ってくる。しかし、何もなくなったというと、サーッといなくなってしまう。ですから地位や名誉や、お金を願うというだけでは本当の願いではないんです。

何のためにこの世に生まれてきたのですか？

本当の願いは何なのですか？　という話が本願なんですね。

本願という言葉を字引で引けば、「阿弥陀仏の本当の願い」とか、「仏や菩薩達の昔の願い」とかそういう説明があるのですが、じゃあ私とは関係ないのか、というのは大間違いなんです。

私の本当の願いは何ですか？

それを物語の形で説かれているのが『大無量寿経』の法蔵菩薩の物語なのですね。そこでは、一人の人間であった法蔵菩薩の願いが書かれています。それは阿弥陀仏となって、生きとし生けるものを救う願いです。

覚った存在が、人を導くために降りてきて菩薩になる

親鸞聖人の先生である法然上人の『選択集《せんじゃくしゅう》』によると、仏の願いには、「総願」と「別願」の二種類があると言われています。


一切の諸仏各総別二種の願有り。

総といふは四弘誓願《しぐぜいがん》是なり。

別といふは釈迦の五百の大願、薬師の十二の上願等のごとき是なり。

今此の四十八の願は是弥陀の別願なり。


総願とは、諸々の仏達や菩薩達に共通する願いを言います。

別願とは、それぞれの個別の願いを言います。

例えば、お釈迦様は五百の願いを立てたと言われています。五百大願が成就して、お釈迦様としてこの世に現れたという言い伝えもあります。

一切衆生の病気を治そう。そういうことを願いとされている薬師如来は十二の願いがあ

ります。

阿弥陀仏は四十八願ですが、これは別願です。その願いの内容は、法蔵菩薩の物語として示されるわけです。

実は、菩薩にも二種類います。

一つは「向上の菩薩」です。

これは仏になることを目指して修行する菩薩です。つまり、仏になるために向上を目指す存在を言うのですね。だから私達は皆、菩薩なのです。

実在の人物を指す場合もあります。日本でも、行基《ぎょうき》菩薩という言い方があります。あるいは叡尊《えいそん》という人などが、菩薩と言われました。尊い行いをすることや、歴史上の人物を菩薩と言うことがあります。

もう一つは「向下の菩薩」です。

これは覚りを得た後に、衆生に関わるために菩薩になった存在です。つまり、覚った存在があえて下に降りてくる。

向下の菩薩とは、観音菩薩とか勢至菩薩、文殊菩薩、普賢《ふげん》菩薩です。この菩薩は歴史上の人物とは違うので、西暦何年に生まれたとかは言えないわけですね。

向下の菩薩にもまた種類があります。

阿弥陀仏の智慧のはたらきが、勢至菩薩。

阿弥陀仏の慈悲のはたらきは、観音菩薩。

浅草の観音様などは、観音菩薩が単独の信仰対象になっている例です。観音様に手を合わせるということは、慈悲の心におすがりする、ということです。

観音様は何年生まれということは言われませんね。これはつまり、仏の覚りから表れて来た菩薩です。仏様と私ども衆生の間に立って、導いてくれるためには煩悩がなければいけない、というのですね。

煩悩ある者を導くには、煩悩がないと導けない。だから覚った人が菩薩となって、私達の世界に降りてきてくれたのです。

例えばあまりにも優秀過ぎる人は、教師として上手くいかない場合があります。

「なんでわからないのかな、なんでできないのかな。一たす一は二に決まってるでしょ」ということになる。わからない、という気持ちがわからないと教えられないのです。これは勉強だけではなく、スポーツの指導者などにも言えることかもしれません。

良い指導者は、わからない相手の立場になることができます。

「一緒になって考えよう。どこがわからないかな、あー、そこはひっかかるところだよね。私もわからなかったよ」というのが相手の立場になるということです。

だから学業成績優秀な人だけが学校の先生になるのではないかと、私は若干自己弁護しています。できない人の気持ちがわからない先生は、良い先生になることは難しい。

そこで仏様が衆生済度のために菩薩になって、人界に降りてきた――そういう菩薩の在り方があります。

地獄餓鬼畜生がない世界を作る

私達日本人が当たり前のように知っている「南無阿弥陀仏」の「阿弥陀仏」は、元々一人の国王でした。

それが法蔵菩薩となって、仏になるための修行に先立って、願いを起こしました。

その願いを「四十八願」と言います。

四十八というのは、実際に四十八個ということではありません。四十八という数で、無量無限ということを表しているのです。

さて、『大無量寿経』に書かれている四十八願の第一願は、「地獄餓鬼畜生がない国を作ります」というものです。

地獄といったら何ですか？

針の山とか、舌を抜かれるとか、そういう世界があるのですか？　と聞く人がいますが、私どもの世界は、実は、一皮剥《む》けば地獄が出てきますね。

例えば、「針のむしろ」という言い方があります。借金が返せないとなると、四六時中、心が休まることはありません。昼も夜も、色々な人から責められ続けますね。

受験勉強で苦しむのを「受験地獄」と言うことがあります。それから交通事故で、年間に亡くなった人が一万人の時代は、「交通地獄」などと表現していました。

この世は、様々な苦しみに満ちています。

舌が抜かれるということは実際になくても、舌を抜かれるような思いをすることはあるでしょう。なければお幸せで結構です。

舌を抜かれるまではいかなくても、言葉で苦しむことはありますね。ちょっと嘘をつくとその嘘を隠すためにまた嘘をつかなければならない。

「あそこ三越ねえ、変わったね」と言われた時、昔のことを知らないのに「うん、そうだね」と知ったかぶりをして答えたら、それからは嘘の連続です。

「左手に花屋があったでしょ」

「うう、うん……」

「あれ右だったかしら？」

「うう、うん、そう、そうね……」

必死でごまかさなければならない。嘘をつく人は頭が良くなければできません。嘘をついた時に、どきっ！とする。これは舌が抜かれる思いでしょう。

続いて、「餓鬼」というのは子供のことではありません。

餓《う》えた鬼。

腹減ったー、もっとよこせ、まだ足りない。それが餓鬼です。子供はすぐにお腹を空かすので、餓鬼と呼ばれるようになったのでしょう。

子供の頃は三輪車で喜んでいたのに、ロールスロイスでもまだ足りない。「もっと高級車が欲しい……」実は、大人こそ餓鬼ではないでしょうか。

ウルグアイのムヒカ元大統領が、国連の「環境と発展」をテーマにした会議で、最後に演説の順番が回ってきた時のことです。弱小国の大統領の演説ですから、彼のスピーチの時にはほとんど誰も残っていませんでした。そんな中、その質素な暮らしから「世界で最も貧しい大統領」として知られた彼が、カメラを前にしてこんな衝撃的なことを言われました。

皆さんに申し上げたい。ドイツ人の家族が持っているような車をインドの国民がみんな持つようになったらどうなりますか？

石油がなくなるし、空気も汚れてしまう。

ごく一部の富が集まって偏っていて、さらに発展とは、どう考えればいいでしょうか。

本当の豊かさを考えなければなりません。

本当の豊かさとは何ですか？

貧しさとは何ですか？

得ても足りないということが貧しさということではないでしょうか。

そういうことを演説された。

おっしゃる通りですね。つい最近、日本に来られたのは、物質に恵まれた日本人が本当に幸せかどうかと聞きに来たのです。

私達はいつの間にか餓えた鬼、「まだ足りない」という餓鬼のような存在になっていないでしょうか？

言い方を変えると、「知足《ちそく》」というものを失っているのです。

知足とは、「足る」を「知る」という字です。

お経にも、仏教の徳目としてある言葉です。「足りる」を「知る」から、そこに本当の落ち着きがあるというのが平和の道です。

餓鬼というのは、「得てもなお欲しい」ということです。自分の得た物は人に分けない。もっともっと自分の儲けにしようとする——そういうのが餓鬼です。

それから「畜生」というのは、憎らしい奴ということではありません。「蓄えられた生」ということで、これに草冠を付ければ、貯蓄の蓄になります。

皆さん、貯めたお金はどうなさっていますか？

テーブルの上に置いたり、玄関に置いたりしませんね。風で飛んでいったら困りますし、盗まれたらたいへんです。金庫ですか。家の金庫は危ないからと銀行の金庫に入れて蓄える。

畜生とは、生き様が蓄えられているということです。つまり、私達の人生自体が、家畜のように閉じ込められたり、つながれたりしていませんか、ということです。

その有様はまるで動物達のように檻《おり》に入れられたり、籠に入れられたり、鎖でつながれたり、馬銜《はみ》を咬《か》まされたり、そういうような調子で描かれているのですが、これが私どもの生き様です。

「社畜」という言葉もあります。「文句言わず働け。働いている間は生かしておいてやる」という会社主義の風潮がありますね。

会社に逆らったらもう生きてはいけない、という気分になる。だから実は人間でありながら牛や馬のように使われている。鎖はないけれど、見えない鎖でつながれているのではないか、ということです。

世の常識や観念、権力に支配されて、自分自身の主体的判断ができない存在――こういう人の在り方を畜生といいます。どんな環境にあったとしても、自分の人生については自分が人生の主体者として生きていきたいものですね。

現代の仏教の場合は、「地獄餓鬼畜生」というものをそんな風に捉えるのです。実体的事柄として考えるのではなく、その意味を考える。

地獄餓鬼畜生というのは、戦争状態になるとすぐ噴出してきます。欲望や、支配や苦しみの地獄……。

そういうことがない世界、地獄餓鬼畜生がない世界を作ります――これが「無三悪趣《まくしゅ》の願」といって、法蔵菩薩の第一願です。

第二願は、地獄餓鬼畜生に帰ることがない世界を作ります。

第三願は、皆ことごとく金色に輝くようにします。

第四願は、見目がよい、醜いというものの見方がない世界にします。

最初の第四願までは、「極楽浄土建設のビジョン」を示されたものなのだとわかります。そのような極楽浄土にどうやって往き生まれることができるのか、あるいは極楽浄土をどのように実現できるのか――次に、そういうことが具体的な問題になってきます。

弱い人間だからこそただ念仏

その答えが、第十八願にあります。

四十八願を続けて読んでいくと、第十八願に、「念仏往生の願」があります。

「たとい我、仏を得んに、十方衆生、心を至し信楽《しんぎょう》して我が国に生まれんと欲うて、乃至十念せん。もし生まれずは、正覚を取らじ。唯五逆と正法を誹謗《ひぼう》せんをば除く」
(『大無量寿経』真宗聖典一八頁)

訳すると、次のような内容です。

「私が仏になる時、すべての人々が心から信じて、私の国（極楽浄土）に生まれたいと願い、わずか十回でも念仏して、もし生まれることができないようなら、私は決して覚りを開きません。ただし、五逆の罪を犯したり、仏の教えを謗るものを除きます」

念仏とは南無阿弥陀仏です。

赤ん坊でもできる念仏です。「南無阿弥陀仏」とちゃんと言えなくても、「マンマンマン」でもいいのです。「あら、お念仏してるのね」と誉めれば、赤ん坊も喜ぶと思います。お祖父ちゃんお祖母ちゃん、お父さん、お母さんがお参りして手を合わせて「南無阿弥陀仏」と称えていたら、一歳の赤ん坊だって「マンマンマン」と言うようになりますから、誉めてあげればその子供はいい宝を得たということになるのではないでしょうか。

念仏は、称えていると実際に平和に生活することができます。例えば「馬鹿野郎」と言われた時に何と返事をするかということです。

「おまえこそ馬鹿野郎だ」ではなく、「ナマンダブ」と返事をすれば、だいぶ世の中変わるのではないでしょうか。

「おめえ、俺の足踏んで何やっているのだ馬鹿野郎」

「ナマンダブ」

「遅いじゃないか馬鹿野郎」

「ナマンダブ」

念仏ができるようになるというのは素晴らしいことです。

「嘘みたい、そんなこと」とおっしゃる方もあるかもしれませんが、武力の均衡を保っての平和こそが嘘の平和です。喧嘩をする気にならなくなるのが、一番平和なんです。

「ナマンダブ」と言いながら喧嘩をしているのは、今のところ見たことがありません。

「ナマンダブ」と称えると喧嘩にならないのです。

いつでも、どこでも、誰でもできるのが「ナマンダブ」です。

その「ナマンダブ」をもって、極楽浄土に往き生まれる道とする。これが法蔵菩薩の第十八願です。

他にも優れた修行法がいっぱいあるのに、何故「南無阿弥陀仏」一つを選び取ったのか。それが「すべての人を救う」と誓った弥陀の誓願の話とつながってくるのです。

つまり私ども衆生は、「できる」と言いながら実際は何にもできない者だ。そういうところまで見通して、念仏を勧めてくださったのです。

例えば神経痛が起こったりすれば、ちょっと何かやろうと思っていても痛くてできませんね。神経痛はジリジリ痺《しび》れるような感じがして、何か具合が悪いのです。

あるいはインフルエンザで体温が数度上がっただけで、私達は動けなくなるのではないですか？　やる気があればなんでもできる、と言っても病気になればできません。

他人については、「何？　熱出した？　自己管理が甘いんだ。出てこい」と言えるけれど、やっぱり病気なら動けませんね。

私達は、そういう弱いものを抱えているのではないでしょうか？

仕事では立場上、無理してでも頑張ってやらなきゃいけない、ということがあるとは思いますが、ちょっと正直な自分に立ち返っていくと、やっぱりできない。

仏教の修行も同じです。体が弱かったり、高齢だったり、病気の子供がいたり、様々な環境、事情で修行ができない人もいます。

それを見通して、「ナマンダブ」と言うだけで、オッケー。摂《おさ》め取って捨てないというのが弥陀の誓願なのです。

私のために阿弥陀仏が誓ってくれた

弥陀の誓願とは、法蔵菩薩が「念仏でこの世界のすべての存在を往生させる」ことを誓ったものです。

しかし、この「誓い」という言葉がたいへん重いのです。

「大事なものを懸けて誓う」というのが、誓いです。ただ「希望します」という程度の話ではありません。

タバコを好きで毎日吸ってヤニだらけになっている人が、「これこれをできなければわしはタバコを止める」なんて言ったら「あっ誓ったね！」と言われますね。タバコを止められない人が、タバコを止めると言ったら、これはたいへんな誓いなんです。

「夫婦円満に力を合わせて、明るい家庭を築くことを誓います」

結婚式の時にそんな誓いをしても、どうしてそうならないのでしょう。本当に誓ったのでしょうか？

「誓います」と言っても、大事なものを懸けて誓うというのが、誓いなのです。

「この学校に入学したからには、先生の言うことをよく聞いて一生懸命勉強することを誓います」と言いながら随分さぼるんです。

「もしこれができなければ退学させられても構いません」とか、懸けて誓わなければなりません。

「もしこれができなければ、慰謝料三千万円覚悟します」とちゃんと言わなければ誓いにはならない。

それで阿弥陀仏は法蔵菩薩だった昔、「自分が仏になるということを懸けて、念仏でこの世界のすべての存在を往生させる」ことを誓ったというのです。

その「念仏往生」の誓いの相手は、「私だった」という気付きが、信心です。

この私のために、念仏往生を法蔵菩薩が誓ってくれたのです。

どうして私のために願ってくれたのだろう？　不思議だな。

そうやって、我がこととして阿弥陀の慈悲を感じることが「弥陀の誓願不思議」です。

当たり前のものこそが不思議

不思議というのは、「謎めいた」とか、「わからない」ということではなくて、「出遇いの感動の言葉」という具合に見てもらえればいいいと思います。

「まあ、よく遇えたね、不思議だね」

これは偶然の邂逅《かいこう》のことばかりを言うのではなく、今、当たり前にいること、あること、生かされていることの不思議です。

例えば、学校の卒業式間近になった時、クラスメイトに対して、「もう卒業したらなかなか会えないね。たった一年ずれても、こうはならなかったですものね。よくぞあなたと会えたね。数ある学校の中でよくこの教室で会えたね」と思うかもしれません。つまり、一緒の学年、クラスになったことの運命の不思議に感動、感謝しているのです。

そういう時、「よく会えたね、不思議だね」と感ずるのは出遇いをちゃんと感じているからです。

幽霊とか、UFOとか、超能力とかの不思議ではないのです。

そういう不確かなものを「不思議だ、不思議だ」と言っているのは、本当の不思議ではありません。それは目くらましのようなもので、本当の不思議を覆い隠してしまうものかもしれません。

目の前にある、当たり前のものがありがたいから不思議なのです。お父さんとお母さんの間に生まれ、鼻は縦に、目は横に付いているから不思議なのです。

現在、この身をいただいていること自体の不思議。人と出遇うことの不思議。それ以外に何が本当の不思議でしょうか？

作られた不思議に騙《だま》されて、本当の不思議を見失っていませんか？

「仏法に不思議なし」です。

つまり、煙は上に昇る、水は高い所から下に流れる。そういう当たり前の道理を説くのが仏教です。

当たり前にあること、あったことに気付き、感謝し、不思議と感じる。

当たり前にあるものが尊い、と気付くことが不思議なのです。するとすべての存在がありがたい、不思議な存在になりますね。

親鸞聖人は、その不思議をありありと感じています。

阿弥陀の祈りは、煩悩具足な存在である私に向けられたものだったのだ、取るに足らない私のことを目指して願われているのだという感動が、「弥陀の誓願不思議」です。

限りなき命、限りなき光が私に向けられている。

そうなれば、「こんな人生」とならずに、「私が私として願われているんだ。ありがとうございました」と、気付きが出てくる。

これが大事なことなんです。

当たり前のものが尊い、と知ることが本当の不思議です。

「弥陀の誓願不思議」は『歎異抄』の親鸞聖人の言葉の中心にあるものです。

この阿弥陀の慈悲に、皆さんどうして気付いてくれないんだろう、というところに嘆きがあるのですね。

本願を忘れ、地位、名誉、お金、世間体、そちらの方に価値を置いているけれど、何にも頼りにはならないでしょう？　本当の道理に気が付いてもらいたいんだけれど、どうして気が付いてくれないんだろう？

そこには歎きがあります。しかし、気が付いてくれなければしようがないんだ、と放っておくわけにはいかない。

どうしても気が付いてもらいたい。

そこに歎きの心が生まれます。

繰り返し巻き返し、「どうか聞いてください」というような、はたらきかけになってくるのです。

慈悲というのは限りがありません。

阿弥陀の言葉を聞かない人、聞こうとしない人のことも見捨てません。

それが私どもの思いはからいを超えているので、「不思議」というのです。

だから、不思議というのはすごいことなのです。

第三章

南無阿弥陀仏は、感謝の言葉

悪人こそ救われる？

最近（平成二十八年六月）、ＮＨＫの「１００分ｄｅ名著」という名著の解説をする番組で『歎異抄』が取り上げられました。

ご覧になった方も多いと思うのですが、『歎異抄』はすごい本だ、ということで釈徹宗という先生が解説されまして、タレントやアナウンサーの方が色々質問しました。テキストも出ていたので、私も早速、買い求めて拝見しました。「結構な本だな、このテキストいいな」と思ったのですが、その本には『歎異抄』に関する仏教書の広告も載っております。

私も法藏館という京都の仏書を扱う出版社から『歎異抄講義』を出しているので、広告に載っているかな、と思ったのですが私の本は載っていませんでした。

何となく表紙の裏頁を見ると、他の出版社の『歎異抄』関連の広告が出ていました。歴史の方から仏教にアプローチされた先生が出されている本でした。

その広告のキャッチコピーが、赤い字で、

「悪人ですら極楽浄土往生ができる」


と書いてあるんですね。

「フンフン、歎異抄の広告か、悪人正機だな」と私は思いました。

「あれ？」

あることに気付いて、びっくりしました。

「悪人ですら、ということは、善人はなおさら往生できるということになるな。あれ？

そうだっけ？」

元の意味はどうでしたかというと、

「善人でさえ極楽往生ができる、ましてや悪人はなおさらだ」


というのが『歎異抄』（第三条）に書いてあることです。

「悪人正機」ということで、たいへん有名なところなんですね。

『歎異抄』の広告ですから、本当は、「善人ですら極楽往生ができるのだから、悪人はなおさら救われる」と表現しなければなりません。

このキャッチコピーはおそらく著者ではなく、編集者や出版社の人が考えたのでしょう。それで「悪人正機」の意味を深く理解しないまま「悪人ですら極楽往生ができる」と書いてしまったのかもしれません。誤字をチェックする校正の人達も、常識から見れば、「悪い奴ですら救われるなら、善い人はもっとなおさら救われるだろう」そうやって思う観念がありますから見過ごしてしまった、ということではないかと思います。

しかし、一般常識から考えると、確かに「悪人がなおさら救われる」というのは引っかかるところですね。

普段、善いことをしている人より、悪い人の方が救われるなんておかしい、と思うかもしれません。

何故悪人はなおさら救われるのでしょうか？

この悪人とは何でしょうか？

『歎異抄』で表現される「悪人」は、ただの悪い人とはちょっと違うのですね。

そこで少し長いのですが、「悪人正機」が書かれた『歎異抄』第三条を読んでみましょう。

「一　善人なおもて往生をとぐ、いわんや悪人をや。しかるを、世のひとつねにいわく、悪人なお往生す、いかにいわんや善人をや。この条、一旦そのいわれあるににたれども、本願他力の意趣にそむけり。そのゆえは、自力作善《じりきさぜん》のひとは、ひとえに他力をたのむこころかけたるあいだ、弥陀の本願にあらず。しかれども、自力のこころをひるがえして、他力をたのみたてまつれば、真実報土の往生をとぐるなり。煩悩具足のわれらは、いずれの行にても、生死をはなるることあるべからざるをあわれみたまいて、願をおこしたまう本意、悪人成仏のためなれば、他力をたのみたてまつる悪人、もっとも往生の正因なり。よって善人だにこそ往生すれ、まして悪人はと、おおせそうらいき」（『歎異抄』真宗聖典六二七〜六二八頁）

「善人でさえ往生ができる、ましてや悪人はなおさらだ」そういう具合におっしゃっているその後に、「煩悩具足のわれら」という言葉があって、これが「悪人」と該当するのです。

「自力作善のひと」というのは、「善人」のことでしょう。

自力といえば自分の力ですね。自分の力ということは自分の考え、思いはからい。そういうことを含んで「自力」と言うのが仏教用語です。「自力で善を作ることのできる人」ということです。

他力はどういう意味ですか？

一般には「他人の力」という具合に思われがちですが、仏教用語の場合は「仏様のおはたらき」「自分の思いの他のはたらき」そういうことを他力といいます。

これが日常ではよく誤解を受けて、「他力本願じゃだめだよ」なんていう具合に使われるわけですが、他力本願は「自分の思いの他のはたらき」への感謝の気持ちです。そのはたらきの本質が「真実の願い」なので、その願いによって私も生かされている——そういうことについての感謝の気持ちを「本願他力」、「他力本願」と言います。

簡単に言うと、他力本願とは「お蔭さま」の気持ちです。

別に信仰があろうとなかろうと「お蔭さま」です。英語では翻訳できません。「お蔭さま」は「Ｓｈａｄｏｗ」ではありませんね。影ではないのです。

英語は、主語がはっきりしなければなりません。しかし、「お蔭さま」は主語がはっきりしません。私以外の何ものかです。だから翻訳のしようがない。

「お蔭さまで元気にしています」と挨拶するのに対し、「そうです。私のお蔭でね」と答える人はいません。

「ようございましたね」と答えるわけです。

これは日本人なら誰でもわかる感覚ですね。けれども、この「誰でもわかる」ということが大事なのです。言葉でははっきりと言えないけれど、何となく感じる感謝の気持ち。それを私達は日常から感じて生きているのです。

それで他力は「お蔭さま」という言葉になるのです。

それに対して自力とは、自分の思い、自分のはからい、自分で善をなしていると思っている人のことです。それを『歎異抄』の第三条では、「善人」という具合に言っているわけなんですね。

「悪人」というのはいかなる行をしても救われない、「煩悩に満ちた私達」のことを指します。

「自力では救われない存在だからこそ、阿弥陀様が救ってくださる」というのが「悪人こそ救われる」の本当の意味です。

自力ではどうにもならない、煩悩に満ちた、弱い私達だからこそ、お蔭さまのはたらきで救われるのです。だからこそ、阿弥陀仏の慈悲がありがたい、と感謝につながる。

「悪人こそ救われる」なんてストレートに言うと、ぎょっとしますね。

悪人は、煩悩に満ちた私達すべての人々のことなのです。すべての人々を救うから阿弥陀様はありがたい。このような意味に取ります。

これはゆっくりと『歎異抄』を読んで、味わい、考えればわかることなのですが、普通は「善人悪人」というものを常識の中で考えるので「善人より悪人が救われるなんて変なこと言うな」と誤解されるのです。

そういう批判も『歎異抄』には向けられるのですが、よく意味をいただいてみれば、私どもはどうなのでしょうか？

自分は善人か、悪人か？ ということになりまして、自己自身をきちんと省みる、という姿勢を持つようにできるのです。

本当の自分自身の姿を見つめるきっかけになる――これも『歎異抄』という本のお蔭ではないかと思います。

罪を許すことも慈悲のはたらき

『歎異抄』の歎きの心は、慈悲の心の表れだと思います。

「慈悲」は仏教の大事な用語ですね。

「慈」は「いつくしむ」ということです。「いつくしむ」とは大事にすることです。

元はインド語で、「マイトリー」という言葉です。

それを漢字に翻訳した時に「慈」という字を書きました。マイトリーというのは友情、友愛、そういうようなことを表す言葉でもあります。

「悲」の意味は言語で「カルナー」と申しまして「共に悲しむ」「共に呻《うめ》き声を上げる」「苦しみを共にする」ということです。

いつくしみ、共に悲しむ――これを「慈悲」と言うのです。

『歎異抄』は「異なるを歎く」書物です。

具体的には何を嘆いているかというと、実は、

「お金をたくさん出せば大きな救いを得られますよ。少ししか出さないと小さい救いですよ」

そういうことを言う人がいる問題を取り上げているんですね。

親鸞聖人の教え子の中にそういう人が出てきたのです。これはもう明らかにお金目当ての話になってしまっているのですね。たくさんお金を出せば大きな救い。少なく出せば小さな救い。

「お金を全然出さなきゃ救いはありませんよ」

そこまでは言わないけれど、恐ろしいですね。お金を出さないと救われない、と脅して巻き上げるのです。他には、「学問しなきゃ助かりませんよ」とこういうことを言う人もいたというんですね。「南無阿弥陀仏」と真逆です。

あるいはまた、悪を犯す度に、「常に悔い改めていかないと救いはありませんよ」と教える人もいたということです。

しかし、これもまた阿弥陀の慈悲とは違いますね。

例えば嘘をついた時には「すみませんでした。もう二度と嘘つきません」とちゃんと謝らなければいけない、と言うのです。

「皆さんいいですか？　もう二度と嘘はつきませんと言ったんですよ」

「いいでーす！」と答えさせる。

けれども、「もう二度と嘘はつきません」と本当に言えるでしょうか？

「いいです」と答えたら嘘つきの始まりです。その場で誓っても、「もう二度と嘘はつきません」は、本当のところはできませんね。

「これからは決して嘘はつきません」ではなくて、「これからも嘘をつくことはあるかもしれません。どうかよろしくお願いします」というのが正直なところではないでしょうか。

人は、弱い生き物です。絶対に嘘をつかないことなどできません。時には、人を傷つけないために嘘をつくこともあるでしょう。だから「両手を突いて謝ったら許してあげる」と時々は許し合った方が具合がいいのではないかと思います。

現代社会は「許さない社会」になってきているように感じます。

何か不祥事があると、ちょっとしたことでも徹底的に攻撃されて、社会的な信用も、何もかも失ってしまう。ニュースを見ていると、そういうようなことが随分ありますけれども、たまには許してやってもいいじゃないか、と思うのです。

社会的な不正義の問題は、厳正にあたらなければならないことはあるでしょう。けれども、例えば奥さんが旦那さんに「アンタ嘘ついたでしょ。散歩に行くと言って、パチンコに行ったのね？　嘘を告白しなさい。告白しないと許しませんよ」とあまりガンガン言うときつくなりますよね。

翌日になったら許してあげる。昨日は怒ったけれど、朝になったら「おはよう」と挨拶する。家の中は、そのようなことがよろしいのではないかと思います。

結婚式の祝辞などで「結婚前は両目を開けて、結婚後は片目を閉じる」という言葉が使われます。

結婚前は相手のことをちゃんと見て、あら探しもちゃんとして、無理だなと思ったら結婚しない。結婚してしまったら、あら探しはやめて大目に見る。そういうようにお互いに許し合うということも大事なことでないか、ということです。

慈悲というのは許してあげる――そういった寛容の心でもあるわけです。

「そんな甘いことでは駄目だ」と怒る人もいると思うのですが、他人だけではなく、自分も間違うことは多々あるでしょう。

人間は間違う生き物です。いたずらに厳しく当たるだけでは人間関係はギスギスとしてしまい、成り立たないわけですね。

「煩悩具足」を自分のこととして読んでいく――

「自己中」という病気があります。

自己中心ですね。私さえ良ければということです。

「私さえ良ければなんてそんなことは思いません。世界中の皆さんのために。特に国民のために考えております」と政治家は言うかもしれません。

国民のために、と言っても、大体が私のためなんですね。

こうしたエゴイズムから貪《むさぼ》りと怒り、根本的な愚かさが生まれます。こういう煩悩に振り回されて、身体の具合も悪くなるのです。

それが欠け目なく具わっているというのが「煩悩具足」です。完全に具わっている。具わり、足りている――具足です。詳しく字を見ますと、具に満足ということなんですね。つぶさに具わっている。煩悩が満ち満ちて足りている。だから煩悩具足と言います。

けれども、それは他人のことばかりではないのです。自分はどうか、と省みなくてはなりません。

「あの人、変な人」と言って指をさしたら、指の三本は自分の方に向いているから自分も変な人なんですね。人差し指と親指の二本分は相手のことを言っていても、残りの三本は自分のことを言っている。

「ケチ」と言う人はケチなものです。そういう発想法を教えてくださるのが『歎異抄』だということです。

自分自身のことを見つめてみましょう。

親鸞聖人が自らを「煩悩具足のわれら」とおっしゃったように、自分の煩悩や自己中心性を見つめてみましょう。

他人のことを非難できるでしょうか？

自分を抜きにして読むと「悪人こそ救われるなんてわからん、変なこと言うね」で終わる本かも知れません。

しかしながら「自分はどうなのか」と省みながら読んでいくと、突然、『歎異抄』が我がこととして身近に感じられ、理解できるようになっていくのです。


例えば、第一条の文章の三つ目の段に、こういう言葉があります。

「そのゆえは、罪悪深重煩悩熾盛《ざいあくじんじゅうぼんのうしじょう》の衆生《しゅじょう》をたすけんがための願にてまします」


「罪悪と煩悩に満ちた人々を助けるために願います」ということですね。

「罪悪深重」と読んだ時に、「犯罪者のことなのか」とか「煩悩の衆生。あいつのことだね」と他人事のように読んでいたら、この文章はわかりません。

「罪悪深重」というのを、「あっもしかして…私のこと…かしら」と気付いた時に、深く理解できるものがあるのです。

「煩悩熾盛」というのは、煩悩が燃え盛っている様です。炭火が熾るように燃え盛っている。煙も出ないほどの高熱です。炭火が真っ赤になれば鉄さえ溶かすでしょう。溶鉱炉の鉄が溶けるのは炭の力です。それ程に煩悩が燃え盛っているのが「熾盛《しじょう》」です。

これを「あの人のことね」でなくて「あっ、私のことかしら？」と読むのはなかなかできないかもしれません。

「自分の煩悩はそこまで燃え盛ってないよ」と思うことでしょう。けれども、会社や家庭で感情的になって人を傷つけてしまったりした日の夜、一人になった時に、「罪悪深重煩悩熾盛」というのを読んで、「ああ、悪いことしたな」と思うかもしれません。「ごめんなさいね」とは思っていたけれど、小さなプライドで口にすることができなかった時に、「ああ、自分は激しい欲望を抱えているものだ」ということに気付くわけです。

そういう時に、前もって『歎異抄』の言葉を知っていたら「ああ、そういうことね。これを親鸞はおっしゃっていたのね」と身近に感じることもできるでしょう。「親鸞聖人でさえそう感じていたんだ」と立ち直るきっかけというものがいただける。

『歎異抄』の読み方は色々ありますけれど、私としては、自分自身を本の中に入れて読んでいくと、より身近に「歎異の心」を味わっていただけると思います。

仏様はガンジス川の沙《すな》の数ほどいる

仏様というのは、そんな煩悩具足のすべての人々を慈悲深く見つめ、願ってくれている存在です。

仏様の願いには総願と別願の二つがあると申しました。

総願といったら一切の諸仏、諸々の仏達すべての願いのことです。つまり、仏様はたくさんいらっしゃるということですね。

一神教であるキリスト教やイスラム教の場合は、唯一神です。二つ三つ並ぶことを拒否します。

それで多神教の場合はというと、八百万の神とか竈の神様、トイレの神様までいます。そういうのが多神教と言われます。

仏教の場合、仏と言ったらお釈迦様だけではありません。

仏とは仏陀、目覚めた人ということです。

何に目覚めたのですか?

まことの道理に目覚めたのです。

まことの道理に目覚めた人は、お釈迦様に限らず仏である。そういうことで「一切の諸仏」というような言い方があるわけですね。

それでは、どれくらいの仏がいるのでしょうか？

仏の数を表すのに、「恒河沙数諸仏」という言葉があります。「恒河沙」は「ごうがしゃ」と読みます。「恒河」とは河の流れ――インドのガンジス川のことです。ガンジス川のことをインドの方に聞けば「ガンガー」と言います。それを音写した漢字なんですね。

ガンジス川は茶色の色をして流れています。ベナレスという聖地として有名な所がありまして、インド中の人が沐浴しにお参りに来ます。こんな泥川でよくうがいしたり洗ったりできるなぁ、と思う程に茶色い川なのです。

そう見てしまうのは、日本人は清らかな澄んだ川を好むからですね。インドの川はだいたい茶色いのです。特にガンジス川は、土がいっぱい入っているから茶色く見えます。つまり砂（沙《すな》）ですね。手ですくっただけでも粒がある。ガンジス川全体の砂の量といったら計り知れないですね。

「恒河沙数諸仏」とは、ガンジス川の砂の粒のように計り知れないほどのたくさんの仏達ということを言うわけです。

一切の諸仏は「恒河沙」の数です。

それだけの数の仏様の願いには、共通する願いがあります。その願いを「総願」と言います。全体総合しての「総」の字で、「共通して」という意味があります。

総願には四つの願い、「四弘誓願《しぐせいがん》」と言われるものがあります。

「衆生無辺誓願度《しゅじょうむへんせいがんど》」……地上にいるあらゆる生き物を救済するという誓願です。衆生は無辺である。無辺はへりがない。生き物は次から次から生まれてくるのですね。人間だけでございません。生きとし生けるものどんどん生まれてきます。そのすべてを救うという誓願です。

「誓願度」というのは「誓って願わくは度《わた》せん」ということです。衆生は限りがないけれども必ず度そう。度すというのは救うということです。「縁なき衆生は度し難し」「度し難い奴」というと「救いようのない奴」という意味ですね。度というのはサンズイがなくても「わたす」という意味で迷いの川を越えて覚りの世界へ渡す。つまり、「救う」という意味になります。

「煩悩無尽誓願断《ぼんのうむじんせいがんだん》」……煩悩は無数であるけれども、誓って願わくは断ち切ろう、ということです。

「法門無量誓願学《ほうもんむりょうせいがんがく》（智）」……法門というのは真の教えの道理です。法門は無尽である。真の教えは尽きることがないけれども誓ってすべて学ぼう。あるいはすべて知ろう。

「仏道無上誓願成《ぶつどうむじょうせいがんじょう》」……完成しよう。あるいは証を得よう。覚りを覚ろう。

つまり、「衆生を救う」ということと、「自ら覚りを得る」ということは、無限、無数にいらっしゃる仏様達に皆共通している願いだということです。

布施とは、自分の身を捨てて相手を生かそうとすること

釈尊もまた、この四つの願いを持っていました。すべての人々を救うため、自ら覚りを得るために修行してきて、約二五〇〇年前に仏になりました。しかし、今生で修行して仏になっただけなのではない。生まれ変わり、死に変わり、願いを建てて修行をしてきたと

いう物語があります。

これは「ジャータカ」、釈尊の本生譚《ほんじょうたん》とも言われますが、その中に「月に兎は何故いるか」という話があります。

釈尊は、ある時は兎だったというのですね。

兎は、猿、狐の三匹で、山で仲良く暮らしていました。すると飢饉の時に、山の中に飢えた修行者がやってきたのです。修行者が飢え死にしそうな時に、猿は木の実を集め、狐は川から魚を捕り、食料として与えます。けれども兎はいくらがんばっても、何も採ってくることができませんでした。そこで兎は自分の身を修行者に捧げて「どうぞ食べてください」と言って、火の中に飛び込むのです。

その行いというのは、要らない品物を他人にやるというのではありません。一部分を他人にやるのではありません。

自分の命までも全部捧げる。

その身を捨てて、相手を生かそうとする。

こういうのは慈悲の実践であり、実際には布施行と言います。

布施というのは「広く施す」という意味です。

これはもう一度、日本人は考え直さなければいけない問題です。

教会に行けばドネーションといって寄付がありますし、お寺には賽銭箱がありますけれども、これらは公共のために用いられているので布施の一つです。この布施の行を我が身を捨てて行ったというのが兎の物語です。

その徳を讃えて「一切衆生は皆、兎に習うように」というので、月に兎が見えるようになった、という話がインドから日本まで伝わってきて『今昔物語』に収められたのですね。月に兎がいるという話の由来はインドなんです。つまり、世界中の民族がこういう話を聞いて心を動かされた、ということです。

私達の本当の願いとは何か？

仏様は私達すべての人間、生きとし生けるもののために願ってくださる存在です。
諸仏共通の本願は四つ。
釈尊の本願は五百。
弥陀の本願は四十八ですね。
それでは、阿弥陀仏や釈尊の願いではなく、私の願いとは何でしょうか？

私は何のために生まれてきたか、ということですね。

そのためには、「私」とは何者かを知らなくてはなりません。


「私」というのはどういう者ですか？


身体はお父さんお母さんが与えてくれたものかもしれませんが、魂は各自各自ですね。親は同じでも、兄弟の魂は違います。

また親からすると「同じように育てたはずなのに、どうしてあなただけはやきもち焼きなの」とか、子供は自分の思い通りにならないものがあります。

たとえ自分の身体から出た存在だとしても、私が作ったものですから私が処分してもいい、とはならないですね。

一人ひとり魂がある。

魂。心の本質。本音がある。

その一人ひとりの魂に、願いがあるというのが本願の話なんですね。

元々は「阿弥陀如来の本願」という話ばかりだと思っていたら、そうでなくて、「それでは私の本当の願いは何なのか？」というところまで教えていただくのが仏教の話なんです。

とは言っても、「私の本当の願い」というのが、急にはわからないのです。

「何を願いましたか？」

「家内安全、商売繁盛、無病息災です」

全部自分の家のことじゃないですか？　となります。

確かに切実な願いですけれど、そういうのは大体「自分さえ良ければ」という願いです。

そういう願いで本当に済みますか？

例えば、目先の願いを実現された場合、どうなりますか？

「まだ足りない、まだ足りない」

「もっと寄こせ、もっと寄こせ」

となるのではないでしょうか。

皆さんのお家一軒一軒お伺いしておりませんけれども、家の中に物が増えていませんか？　お金が増えれば増えるほど物が増えますね。

「これ捨てられない。これ捨てられない」と執着する。

「思い切って捨てましょう。さっぱりしますから」とそういう本が出るほどに私どもは捨てられないんですね。断捨離ブームになるほど、私達先進国に生きる人間の身の周りは物で一杯になっています。

どうしてでしょう？

物があるのが幸せだと思っていたからです。

けれども、「まだ足りない」「まだ足りない」ということでしたら、どれほどお金があっても、物があっても不幸です。

お金があれば、今度は心配で夜も眠れなくなるでしょう。泥棒が入らないか、株の値が落ちないかと気もそぞろです。さらに遺産相続の争いなんていうとたいへんなことになるわけです。だからお金が大事だというけれども、お金を使う人の心の方が大事なんですね。

何のためにお金が必要なのか？

そういう時に、本当の願いを確かめなければいけないのです。

「お金のためにお金が必要です」と言ったら、わけがわからなくなるんですね。

例えば、大企業にも設立の目的・方針があるはずです。

「この事業を行って、社会に貢献していきたいんだ」

そういうようなものがなければ組織は成り立ちません。最初の願いですね。それが本末転倒すると儲けるためだけの企業になってしまう。

儲けたらどうする？

また儲けるようにする。

そうすると果てがないですね。いつも儲けられるわけがない。そうするとそこに不正が行われたりします。

そもそも創業の精神は一体どうなってしまったのか？

従業員一同の幸せはどうなるのか？

そういうことを考えないと本末転倒になってしまいますね。

そもそも何のために？　というのが本願の話です。

本当の願いです。

私は何のために生まれてきたのでしょうか？

美味《うま》い物を食べてぐっすり眠って、それが飽きたらあの世行き。そういう歌も流行ったことがありますが、高度経済成長期はそんな人生観だったんですね。

本当にそういう歌が流行ったんですよ。

しかしながら、そういうわけにはいかないでしょう？

「やっぱりこの人生にお礼を言いたい」

そういうことを私どもは、本当は思っているのではないでしょうか。

浄土こそ私達の故郷

さて、阿弥陀仏の願いとは何だったでしょう？

法蔵菩薩の話ですね。この時の願いが「俺さえ良ければいい」というのでなくて、「十方の衆生が仏の世界に生まれるように」と願うのです。

四十八の願いのうち、最初の四つはそういう願いですね。

その後、第五の願から第十の願までは神通力を願う、「六神通の願」です。

神通力とは、超能力のようなものです。

過去世のことがよくわかる。他人のことがよくわかる。見えないことが見えるようになる。聞こえないことが聞こえるようになる。

そういう能力というのは、私どもが普通に持てば悪用しますね。どこでも行ける超能力があったら、私だったら日銀の金庫の中にでも入るかもしれません。だからその超能力を衆生のために正しく用いるのには、煩悩が断ち切れるようにならなければいけない。

そこで六神通の最後、十番目の願いが「自分の煩悩を断ち切って、生まれ変わることがなくなったと知る力」なのです。

六神通の願が何のためにあるかというと、人々と関わって人々と共に生き、人々と共に救われていく、そのために必要な神通力の願いなんですね。だからその力を使うのに煩悩があってはいけない。みなで救われていくのが浄土である、ということです。

その浄土こそ私どもの故郷ですよ、一緒に帰りましょう、というのが阿弥陀の願いです。故郷は遠くにありて思うもの。

そういう感慨も確かにありますけれど、本当の故郷というのは極楽浄土である、というのを説かれているのが、『大無量寿経』というお経です。

では、極楽浄土にどうしたら生まれることができますか？

修行をしなくてはいけないのですか？

修行というのは難しいのが修行です。できる人、できない人と違いが出てきてしまう。つまり、極楽浄土に行ける人と行けない人が出てきてしまいます。

そこでどの人もできる修行でもって浄土に生まれさせよう、という願いが十八番目の願いで「念仏往生の誓願」というのです。

つまり、「南無阿弥陀仏」です。

念仏は死者ではなく、生きている人のためのもの――

念仏とは何ですか？

「南無阿弥陀仏」と声に出して言うことが念仏です。これは今、日本国民の常識でしょう。小説や映画や何かでは、幽霊が出た時に「成仏してくれ」と願って、主人公達が必死に称えたりしますね。

しかし、「南無阿弥陀仏」は幽霊が極楽浄土に行くためのものではなく、この煩悩の世界に生きる私達すべてのためにある願いです。そこのところがたいへん誤解されているのです。

字を見れば念は「おもう」という字です。

忘れないように念い続ける。

何を？

仏です。それを「念仏」という具合に言うのですね。

しかしながら、私どもは忘れないように念い続けることができるでしょうか？

「鍵かけてきたかしら？」

「子供何時に帰るかしら?」

「今度の支払い、いつだったかしら?」

生活しているとそんな風に考えることの連続ですね。まさに雑念。それでつい仏を念うことを忘れてしまう。その日一日、雑念に追われ続けることもあるでしょう。

ですから「仏を念うことを声に出しましょう」というのです。

「カボチャ、プリン、メロン、リンゴ」と言葉にすれば、それぞれの食べ物の形や味が、即座に思い出されますね。

「梅干し」と言ったら「酸っぱい」と唾が出ます。

人の名前を言えば、友人知人でも、芸能人でも、ぱっとすぐに顔が思い浮かびます。

言葉の働きというのはたいへん強いものです。だから普段、どういう言葉を使っているかということが、その人の人格形成から、姿、形まで決めるのです。

色々化粧品もあるでしょう。何とか堂とか一杯化粧品はあるけれども、外側をどれほど美しくしても、ポイントは目ですね。ミスユニバースといっても目を見ると……「怖っ」と感じる方もいます。

目は、心の窓と申します。

今日、怒って怖い顔をしている人はいませんね。何故でしょう? 仏教の講座だからです。ここで怒るということはありません。

それで普段何を考えているかということが姿、形から目つきにまで出てくるわけです。形に現われるという意味では、眉間《みけん》のしわというのは一番よくわかりますね。普段から怒っていると眉間に縦じわが入るようになります。お互いにご用心です。

私も青年時代は、つるっとしたきれいな眉間だったんです。それがちょっと線が入るようになってきたわけです。

それでともかく、悪いことを言うよりも、良いことを言葉にして言いましょう。

例えば、奥さんが風邪をひいて、娘さんが食事を作ってくれたとしたら、

「ああ美味しかった。ご馳走様」でいいのです。

「もうちょっと塩っけがあったら良かったのにね」とはできるだけ言わないようにする。

「料理を作ってくれる人がいることは幸せなことだなぁ」と自分でもつぶやいてみる。

「こうして食べられるということが幸せなことだ。ありがとうございました」

そういう風に言語生活を正すということが、念仏を称えることにもつながっていくのです。

「ナマンダブ」は日常では簡単には出てきません。だから練習が必要です。

デパートでは開店前に、「いらっしゃいませ」「ありがとうございました」と従業員が練

習していることと思います。練習しているから自然にできるのです。

私が飛行機に乗って感心するのは、キャビンアテンダントの様子です。

「三明様」と名前を呼んでくれます。ちゃんとリストがあるんですね。

「お飲み物は何になさいますか？」などと言われると、私のためにここまでやってくれるという気になるのです。もちろん、事前にちゃんと練習をされているんですね。

だからお念仏も「南無阿弥陀仏」と練習をされるとよろしいかと思います。

南無阿弥陀仏は「お母さん」という呼びかけ

南無阿弥陀仏の意味は、「大いなる命に感謝します」ですね。

阿弥陀仏というのは無量寿。大いなる命です。

私の命はどこまで遡りますか？

百年とか何歳まで生きたからとか、その間が私の命ではありませんよ。生まれる前からずっと命の歴史があるのですね。

両親、祖父母、曾祖父母……それが一人欠けても私というのは生まれなかった。そういう悠久なる歴史の中に私達は生かされています。

それがわかると「大いなる命」に感謝することになります。

元を辿っても、命の出処はどこから来たかわかりません。宇宙から来たのか、地球の五十億年の歴史の中から出てきているのか。実のところはわからないけど、とにかく悠久なる歴史の中に私どもはあるのです。

そんなことは普段は思わないから、目先の利害で考えるわけです。自分さえ良ければいい、となる。

そこのところの発想の転換をすると、目先の利害でぷりぷり腹を立てたり、落ち込んだりしなくてもよくなってきます。

そもそも生あるものは、必ず死に帰します。


「生のみが我等にあらず、死もまた我等なり。我等は生死を並有するものなり」


これは明治の哲学者で、真宗大谷派の僧侶である清沢満之《きよざわまんし》の言葉です。

「死ぬのは嫌だ」ばかりでなくて、「死ぬということがあるから生きている」そういうことを思わせていただくのが念仏です。

念仏を称えるということは、親の名前を呼ぶようなことです。親の名前を呼ぶからといって「えいこ」と呼んだりしないですよね。これは私の母の名前です。失礼しました。「お母さん」ですね。

どうして赤ちゃんが「お母さん」と呼ぶようになったかというと、「私がお母さんよ」「この人がお母さんだよ」と声をかけられたから「お母さん」と呼ぶようになったんですね。「こちら知らないおじさんよ」とお父さんのことを言われたら「知らないおじさん」と子供は言うようになりますからね。

「お母さんよ、お父さんよ」と声をかけられたお蔭で、私どもは「お母さん」と呼ぶようになります。それはやはり「お母さんと呼んでくれ」という願いがあって、そのお蔭で「お母さん」と言えるようになったのです。だから「お母さん」と呼ぶと、お母さんの顔が思い浮かぶ。

『おかあさん』（田中ナナ作詞）という、子供がお母さんに話しかける有名な童謡があります。

おかあさん　なあに
おかあさんていいにおい

せんたくしていたにおいでしょ
しゃぼんのあわのにおいでしょ

「お母さん」というとただ戸籍上のお母さんではありません。こんな風に生きて働いているお母さんです。

そのお母さんの願いまで味わえるのが「お母さん」という言葉です。

サトウハチローという方は「お母さん、お母さん」ばかりで詩を書いた人ですが、それでもすごく心に残るわけです。

「南無阿弥陀仏」という呼びかけは、「お母さん」という呼びかけと同じことです。

お母さんのお母さんのお母さんからずーっと遡った、大いなる命の願いが、私にかけられているということに気付き、感謝するということです。

これが弥陀の本願の話の本質なんですね。

一人ひとりがかけがえのない大事な存在

親心というのは子供を差別しますか？

手がかかる子ほど可愛い、という話もありますが、基本的にはどんな子供にも平等ですね。成績がいい子も可愛いけれども、病気がちの子とか、ぐれて非行少年になったとか、そういう子供は見捨てますか？

場合にもよりけりですが、親心というのは「いい子も可愛いけれど悪い子の方もなんとかできないか」という具合に、思うものですね。

健康で元気な時は、放っておいていいわけです。しかし、熱を出してひっくり返っている子に対しては寝ないで看病します。そういうのが親心ですね。

そういう心の大本が弥陀の本願だとすれば、「罪悪深重煩悩熾盛のわれらのために」という願いの意味がわかってきます。

普通は成績優秀、品行方正のいい子だけでなくて、勉強ができなかったり、問題のある子が気になるのが親心です。慈悲というのはそういう側面がありますが、これが親鸞聖人の見方、味わい方なんですね。

「世界中の人が助かっても、自分ほど罪深い者はない。自分ほど愚かな者はない。だから阿弥陀仏は私のことを見捨てない」

こんなことをおっしゃるのが親鸞聖人のセンスです。

だから、できる人はできる道で行けばよろしいけれども、どうにもこうにも箸にも棒にもかからない者にも、ちゃんと願いがかけられているのだと言うのです。その願いを忘れているから、ぐれたり、具合が悪くなったりするけれど、本当は自分にも大切な願いがかけられている。それに気付くことで「ありがとうございました」という言葉が自然と出てくるのです。

私どもは今、組織論で動かされていますから、「私なんかいなくても会社は動いていくし、世の中は動いていくでしょ」とそういう風に思いがちです。しかし、そんな私のことを、産んで、育ててくれて、おしめを替えてくれて、世話をしてくれて「アーン。よく食べたね」「パパ見て、立派なうんち」と言って、育ててくれた人がいる。

一人ひとりが大事に想われているんだ。

こうしたことに気が付くということは滅多にないわけですが、これが弥陀の誓願の不思議ということです。

「不思議」の「思」というのはあれこれ推し量る。「議」は口であれこれ言う。つまり、心も及ばないし、言葉でも言うことができない、というのが不思議です。

そういう不思議というのは、私どもの普段の物の考え方より、もっともっと大きいはたらきですね。その大きい背景があって、私が今、ここにいるのです。

私が、今、ここにあることの不思議

仏教には「五つの不思議」があると言われます。これは『大智度論《だいちどろん》』で龍樹《りゅうじゅ》菩薩が説かれたものです。

「衆生多少不思議」……多くの生物が生まれ続いて尽きない不思議です。

「業力《ごうりき》不思議」……生きものの個性がそれぞれ変わらない。鶴は白い。カラスは黒い。蜘蛛は八角形の巣を張る。野生の熊は別に性教育を受けなくても生殖する。鮭は生まれた川をさかのぼる。そういう生き物の個性の不思議です。こういうのを見た時「ああすごいな」という感動があるということです。

「龍力《りゅうりき》不思議」……天地の自然現象の不思議です。例えば雨が降ることから地震が起こり、雷が落ちることまで。そういう天地の自然現象は龍が司ったというように、昔の神話的な表現で自然の力を龍力と言います。龍神様という神様にもなっていますね。雲が変幻自在に形を変えたり、ザーッと雨を降らしたり、竜巻を起こしたり、人間以上のすごい力がある、ということで龍というのは想像以上の力ということです。

「禅定力《ぜんじょうりき》不思議」……精神現象の不思議です。気功とか合気とか。心の力といわれることもあります。

「仏法力不思議」……仏の教えは一切の衆生の迷いを転じて覚りを開かせるはたらきがあるという不思議。

この五つの不思議の中でも、親鸞聖人は五つ目の「仏法力不思議」以上の不思議はないと説かれました。

いつつの不思議をとくなかに
仏法不思議にしくぞなき
仏法不思議ということは
弥陀の弘誓になづけたり
（『高僧和讃』真宗聖典四九二頁）

最初の四つの不思議は、みな私の外側のことですね。仏法不思議というのは、仏法の目当てが他でもなく、私のことであるという不思議です。

つまり、私が今、私自身としてここにいるということ――そのこと自体が一番の不思議なのです。

天上天下唯我独尊の本当の意味

釈尊誕生の物語があります。

「天上天下唯我独尊《てんじょうてんげゆいがどくそん》」

釈尊が生まれた時に発したとされる言葉ですね。生まれた赤ん坊が、七歩歩いて天上を指さして言ったという言葉です。

怒られるかもしれませんが、本当か嘘かといったら嘘だと思います。ただ意味がある。生まれた赤ん坊が七歩歩いたということは、迷いの世界が地獄・餓鬼・畜生・修羅・人間・天の六道ですから、それを超えるという数字が七となります。

天地を指さしての「天地」は自分自身の存在です。重力の軸が天地を通って自分に真っ直ぐかかっているわけです。

天地を指さして、

「天の上、天の下に私という者がたった一人である」

私どもがオギャーと叫んで生まれるでしょう。

生まれた時はオギャーと叫んだでしょうが、オギャーといった叫び声にそういう意味があると、こういただくのが大乗仏教の捉え方です。

つまり私が今ここに生きているんだ、という事実を大切にして見つめていく——これが仏教です。

そういうことを示すのが仏法力不思議ですね。仏法力不思議というのはすなわち、弥陀の誓願不思議ということです。

だから天上天下唯我独尊は、俗に言われているように「私だけが世界で尊い」という尊大な意味ではありません。

天地を指さして「この広い宇宙に私という者はたった一人である。だから大切に」という言葉です。

現在、只今の私がここにいる――このことの尊さをいただきましょう。

「よく生まれてきたなあ」そういう感動と共に、「不思議」と言われるべきことなんですね。

「弥陀の誓願不思議」というのは、自分が生まれて、生かされているところに大いなる感動があるということです。

私達は普段、息をしているのが当たり前だと思っています。心臓が動いて、脈打っていても当たり前だと思っていますね。しかしながら、このこと自体がたいへん不思議なことなんです。

一息一息、「ありがとうございました」と、どれほどお礼を言っても足りないようなことが今、現に行われている。

それを当たり前のようにして「フン、こんなこと当たり前でしょ」と思っていることが大間違いなんじゃないか、ということです。

人間様が一人で生きているのではない。当たり前に見えるものは、何ものかに生かされている。願いをかけられ、想われている。

その不思議に感謝するのが念仏です。

第四章

極楽は、法の楽

人は、自分の思い通りに生きているわけではない――

『歎異抄』は不思議な書物です。

鎌倉時代後期に親鸞聖人の弟子である唯円によって書かれたとされるこの本は、二百年後、室町時代に蓮如が着目し、書写しました。その後、江戸時代に学僧によって研究が進められ、明治の末年に再度評価されて、世間にも知られる本になりました。明治、大正、昭和、平成と時代は大きな転換期を幾度も経ておりますけれども、その間もずっと読み継がれてきました。

毎年のように『歎異抄』についての本は出ていますし、多くの方々がお読みになり、様々な感想をお持ちだと思います。

中には批判の論文や本も出ているわけですが、どれほど批判されても『歎異抄』の読者が減らないというのはどういうことでしょう?

なかなか不思議な本なのです。

日本史や社会科の教科書にも、鎌倉時代というと鎌倉新仏教・親鸞・浄土真宗・『歎異抄』と、大体揃って出てくるわけです。「悪人正機」とか、詳しい教科書ではそういうところまで書かれてある。親鸞という人は日本の歴史上、あるいは世界的にも重要な人物だという位置付けがされているのです。しかし、親鸞の教えが正しく理解されているかというと、どうもそういうわけではないようです。

これほど認められ、有名なのに、本当の教えが一般には理解されていないのです。「南無阿弥陀仏」は知っていても、それが何を意味していて、どのような思いで称えられて来たのかは知られていませんね。悪人正機までいくとなおさらです。

実は、『歎異抄』というのはたいへん誤解されやすい本なのです。親鸞聖人の言葉は宗教的な境地を突き詰めたものですから、大胆で過激な表現になります。「悪人こそ救われる」なんて表面的に読むと意味がわかりません。ですから、その言葉の裏にあるものを深く味わっていく必要があります。

『歎異抄』の作者は唯円ですね。

「念仏を称えることに気が乗らない」と親鸞に正直に相談をした第九条の他にも、この唯円が親鸞と直に会って対話をしている箇所があります。それが第十三条で、これまた次のような驚くべき内容なのです。

「唯円坊は、私の言っていることを信じるか」

「はい、信じます」

「それでは私の言うことに背かないか」

「はい、背きません」

「それじゃあ、人を千人殺してみないか。そうしたら往生は決まるぞ」

「いいえ。いかに仰せでも千人どころか、一人も殺せるとは思えません」

「一体どうしたのかな？　親鸞の言っていることにすべて従うと言ったではないか」


この対話には、どういう意味があるのでしょう？

まさか親鸞聖人は本気で「千人殺せ」と命じたわけではありません。実はこれは「自分の考えというものは何か」ということを考えさせる話なのです。

「何でもします」と口では言っても、できる時はできるけれども、できない時はできません。

「何でもします」と言っても、カッコして「と思います」があるわけですよね。

何事も自分の思い通りにいくということはありません。普段、私達はそんな風に思っているかもしれませんが、思い通りにいかないこともあります。

これは「業縁《ごうえん》」という問題です。縁があるかないかによって行いをするかしないか——

そういうことが決まります。

自分の心がけ次第ですべてが決まるわけではないですよ、こういうことを知らせたいがために、親鸞は唯円にこのような過激な問いかけをしたのです。

現代人は何でも自己責任ですね。

「あんたがそうしたから、あんたの責任だ」

そういう調子で厳しく責め立てられていく世の中ですけれども、実際のところは縁が整わないと何事もできないわけです。

人は、縁というものに大きく左右されている存在です。これは改めて個人主義の時代にこそ考えなければならない問題だと思うのですね。

個人の責任、自由の意志だから責任も負わなければならない――当然のことかもしれませんが、必ずしも自己の意志ですべてが決まるわけではない。

殺そうと思っても殺せない時もあるよ、そういうような問題もあるわけです。

殺すまいと思っていても、戦争になったら、百人千人殺してしまうこともあるかもしれない。人間というのは、すべて自分の思い通りに生きていけるわけではありません。縁に生かされ、縁の中で四苦八苦している存在です。

一人の人間に全責任を被せると、そこに慈悲はなくなってしまいます。

「あいつがすべて悪い」となって断罪したら、そこに救いはありませんね。

本当は、皆様々な縁によって生かされている、弱くて、煩悩多き、凡夫が私達なのではないですか？

そうやって世の中を見ていくと、どんな人にも慈悲が届くようになります。

人は、自分の意志だけで生きているのではない。何でも思い通りにできるわけではない。縁によって生かされている弱い生き物なのだ。

そういうことまでを見通していた親鸞の言葉が、唯円との対話の中に示されているのです。

念仏をして地獄に落ちても悔いはない

親鸞聖人は、元々比叡山で一生懸命修行をしてきた人です。九歳から二十九歳まで、二十年間修行してきたのですから、ある意味では自力の人ですね。それがどうして念仏往生ということを願いとされたのでしょう？

それは法然上人と遇われたからです。親鸞聖人は、法然上人について『歎異抄』（第二条）でこのように言っています。

「たとい、法然上人にすかされまいらせて、念仏して地獄におちたりとも、さらに後悔すべからずそうろう」（『歎異抄』真宗聖典六二七頁）

「たとえ、法然上人に騙されて、念仏をして地獄に落ちても後悔はない」

そこまで言い切っているのです。

法然上人は親鸞にとって、生涯忘れることができない師匠です。地獄に落ちても後悔はない、と親鸞が言い切るほど信頼している存在が法然上人なんですね。その法然上人の『選択集』にこのように書いてあります。

「阿弥陀仏は法蔵菩薩の昔、平等の慈悲を実現するのに唯念仏をもって衆生を救おうとする誓いを立てられた」

浄土往生の行は、「ただ念仏」であると言ったのです。

念仏とは何ですか？

仏を念ずる。念は念《おも》い続ける。仏は阿弥陀仏のことを指します。念い続けるために声に出して称えましょう、ということで「南無阿弥陀仏と申す」という道があるわけです。

さて、もう一つ、ここで取り上げたいのは「浄土往生」という言葉です。

念仏は、「浄土往生の行」であるというのは、いったいどういうことなのでしょうか？

本来、「往生」とは死ぬという意味ではない

『歎異抄』の第一条は、次のような文章で始まります。

「弥陀の誓願不思議にたすけられまいらせて、往生をばとぐるなりと信じて念仏もうさんとおもいたつこころのおこるとき、……」

ここにも、「往生」という言葉が出てきます。

普通、「往生」とはどういう時に使いますか？

「往生しまっせ、ほんまに」

「電車が立ち往生した」

「暑くて暑くて往生したわ」

「往生際が悪いな」

「あいつも往生したか」

こんな風に、日常では、「死んだ」「困った」「駄目になった」とか、そういう意味で使われますね。「大往生」なんていうと「見事に穏やかに死にました」という意味です。

仏教で言う「往生」は本来、別の意味があります。

よく「往生をとげる」と言いますね。ところが、「死ぬことをとげる」と言うとちょっと意味が合いません。そこで「往生」とはどういう意味を持つのかをひとまず漢字から読み解いていきたいと思います。

往生という字を見てみれば、「往《ゆ》く」というどんどん前に進む意味を持つ字と「生まれる」という字ですね。

新たに誕生しているのです。

新たな生に向かってどんどん進む。だからこの「往生」という言葉が示しているのは不安や停滞、終わりではなく、進んでいく、心が開かれていくという明るいものなのです。

「どこへ往くんですか？」

「あの世です」といったら意味が通りません。明るくありませんね。

極楽往生ですから、当然、極楽へ向かっているのですが、極楽とは阿弥陀の世界であって、死後の世界のことではありません。

「極楽浄土に往く時は死ぬ時だ」という固定観念から、「往生というのは死ぬということだ」とされたのです。そして「死ぬ」と言うと不吉だから「往生」と言おう、とそういう具合に一般で使われるようになってきたということでしょう。

第一条の「往生をばとぐるなり」というのは、「往生の人生が完成する」ということです。この命が終わる時とは、「人生の完成」を指します。

だから実際は、極楽浄土に向かって、一歩一歩歩んでいる生き方のことを「往生」と言います。

「往生」は現在進行形なのです。

その往く先である極楽浄土というのは、阿弥陀の世界です。

一歩、一歩、阿弥陀の世界に向かって往き、目覚めに向かって生きつつある。その歩みを完成するのが「往生をとげる」という意味です。

実は、仏教の世界では浄土の教えについて欠かせない本があります。

それが『浄土論』です。別名『往生論』という天親《てんじん》菩薩というインドの方が書いた本です。その中に、どういう具合に「往生」という言葉が出てくるかというと、

「我願皆往生　示仏法如仏」（『浄土論』真宗聖典一三八頁）

「どこの世界に仏法功徳の宝がないところがあろうか。私がそこに往き生まれて仏法を示すこと仏の如くせん」

「仏法の宝のない所に往き生まれることがあるだろうか」と、そういう使い方をされているのです。

「往って、生まれる」わけですから、どこにも消極的な意味はないのです。どんどん進んで、新しく生まれているのです。

「往生」とは仏法を示すために、仏になる道をこの私自身が歩むことなのです。

命を懸けて浄土極楽を求める

『歎異抄』（第二条）にも「往生」という言葉が出てきます。

「おのおの十余か国のさかいをこえて、身命をかえりみずして、たずねきたらしめたまう御こころざし、ひとえに往生極楽のみちをといきかんがためなり」（『歎異抄』真宗聖典六二六頁）

十余か国の境を越えて身の危険、命の危険を顧みないで親鸞聖人を訪ねて来た人がいるというんですね。これは親鸞の晩年、八十代半ばの話です。

親鸞は六十歳くらいまで二十年間、関東で弾圧などに遭いながらも命懸けで念仏の教えを伝えていたのですが、六十を過ぎて京の都に戻ったわけです。

そこで楽隠居していたかというと、そんなことはありません。京の都に戻って以降もまた、たくさんの著作を残しているのです。

例えば、八十五、六歳の時に書いたとされる作品には、次のようなものがあります。

如来大悲の恩徳は
身を粉にしても報ずべし
師主知識の恩徳も
骨をくだきても謝すべし
（『正像末和讃』真宗聖典五〇五頁）

「恩徳讃」です。これは「和讃」と申しますけれども、七五調で四句で一首で、調子がいいです。今様という歌の形です。このような歌謡曲が当時流行ったんですね。

今も、七五調で四句だと調子がいいですね。

「くもりガラスを　手で拭いて　あなた明日が　見えますか♪」これが七五調なんです。

こうした形で教えの心を述べられた。

その晩年、京都にいる親鸞を訪ねて、関東から十余か国の境を越えて訪ねて来た人がいたというのです。

今は新幹線であっという間に京都に着くわけですが、その当時は鎌倉時代ですから、東海道五十三次も整備されていない時代です。箱根の山賊とか色々道中の危険があって、旅人は刀や刃物、短刀を持って旅をしていたわけです。

そういうような時代に団体を組んで、親鸞の所へ訪ねて行った。

お金もかかるし、命の危険もあります。そういうことを顧みないで訪ねて来た人々は何のために来たのでしょうか？

実は、当時、浄土真宗で教団紛争の揉めごとがありました。親鸞の息子の善鸞が、念仏だけではなく、往生するためのもっと深い奥義を父から授かったと話している。親鸞聖人が本当にそういうことを言ったのか、問いただしに来たのです。

「息子さんの言葉と念仏一筋には矛盾があります。本当のことを教えてください」

そういう時に、親鸞はその人々に向かって、

「皆さんが身の危険、命の危険を顧みないで訪ねてこられたのは、ただ一つ往生極楽の道を問い聞くためであった」と言ったのです。

結局、親鸞は「念仏の道の他に隠しているものは何もない」と断言して、息子と縁を切ることになるのですが、まずは息子のことよりも「往生極楽」の道を知るために、あなた方ははるばる遠くからやってきたのだ、という話をされたのです。

ここでも「往生」が出てきます。「往生極楽」というのは、死んで駄目になるという意味とはまったく違うのですね。

往生極楽は、死んでから行く極楽浄土とは違うという話です。

ただ死んでから極楽に行くというのでしたら待てばいいだけなのですが、そうはいかない。

「どれほどの苦労をしても聞かなきゃいけない話だ」というのが往生極楽の道ということだったのですね。

そういう時代の感覚、あるいは生の文章の表現にたいへん迫力があるのです。

往生というのは、どれほどのことをしても課題にしなければならないことだったのです。

人生を懸け、命を懸けて話題にしなければならないことだったのです。

そのようにして、命懸けで求めなければならない。

その往き生まれる先が、極楽浄土です。

さて、それでは極楽浄土とは何かという話です。

極楽浄土は、ものがそのままに光る

ある程度年齢がいった日本人なら極楽浄土には共通したイメージがあると思います。極楽浄土がどういう世界かということは、『阿弥陀経』や『大無量寿経』に書かれています。

極楽は、「七宝荘厳《しっぽうしょうごん》」と言われる宝のような世界だということです。

七宝というのは金《こん》・銀《ごん》・瑠璃《るり》・玻瓈《はり》・硨磲《しゃこ》・赤珠《しゃくしゅ》・碼碯《めのう》。この七つの宝石のような宝物でできている世界だというのです。

それから黄金樹林と呼ばれる金の林があります。

七宝講堂という飾り物で飾り立てられた講堂もあります。

菩提樹があります。覚りの樹ですね。釈尊が覚られた場所の樹を菩提樹と言います。

「菩提」とは「覚り」のことです。その木の大きさは四百万里の周囲があるということです。これは覚りの偉大さを表しているわけです。

八功徳水《はっくどくすい》。水の功徳は八つもあることを示しているのですが、清らかで、冷たくて、甘くて、やわらかくて、潤沢で、安らかで、飲むと命の健康が長らえて、心が穏やかになる。

その徳がある水が極楽浄土にあると書かれています。

山や谷はありません。何故かと言うと無差別平等の世界だからです。

黄金の大地という表現がありますが、つまり大地そのものが尊いということです。

それから「青色青光《しょうしきしょうこう》」の世界だと言います。

これは青いものは青く光るということです。続いて、「黄色黄光、白色白光」。

これは何かというと、極楽浄土の蓮の華は、青いものは青く光る、赤いものは赤く光る、黄色いものは黄色く光る、白いものは白く光っている、だから素晴らしいというのです。

何故素晴らしいのかというと、赤いものが赤く光るというのは、ものそのものがそのように輝く、ということだからです。

気の長い人、気の短い人、それぞれいますけれども「私の短所は○○です。だから短所を直して長所を伸ばしたいと思います」と言っても、大体無理なんですね。短所即ち長所、長所即ち短所ですから、気の長い人というのは、のんびり屋さんでもねばり強かったり、気の短い人は、怒りんぼでも俊敏だったり、それぞれ長所があるわけです。

結局、その人らしくいるのが一番魅力的なのです。それと同じことですね。それそのものが、そのように輝くようになる。本質が輝くようになる。

これは色眼鏡をかけないでものを正しく見るということでもあります。色がついてる眼鏡をかけると世の中がそう見えますね。

「あの人ケチだって」と噂を聞いたら、「本当にケチね」とその人の何を見てもケチに見える。

先入観があるとそう見えてしまう。

そういう色眼鏡なしで物事を正しく見るという世界ですから、極楽は素晴らしい世界だと言われるわけです。

迷いの世界である三界とは

それでは極楽ではない世界とはどういう所でしょう？

極楽ではない迷いの世界を三界《さんがい》と言います。

三つの世界です。

欲界、色界、無色界、これで三界です。

迷いの世界全部を総括した言葉です。

ついでに申しますと「女三界に家なし」と言います。これは昔の言葉ですが、女性は幼少の時は親に、嫁に行ってからは夫に、老いては子供に従うものだから、広い世界のどこにも身の置き所がないので「三界に家なし」と言われたのです。

三界の最下層である「欲界」とは、欲望渦巻く世界です。つまり私どもの世界ですね。

「何事も皆さんのために」と言っても一皮むけば欲。

「子供のために」と言っても欲。

「私、あなたにすべて捧げますから」と言っても欲。

子供も大人も欲がありますね。これは私どもの興味関心の話題を例にするとわかりやすいかもしれません。

「ああ、お兄ちゃんずるい。ケーキ大きい」とか「あんこが多く入っているから、鯛焼きの頭の方ちょうだい」とか、子供は争いますね。食べ物の欲で争うわけです。

「そういう目先のことで争うのはやめなさい。兄弟だったら仲良くしなさい」と親は言うのですが、大人は大人で財産の争いとか色々出て来るんですね。

そういう形あるものへの欲を卒業した人でも、名誉欲というのが残ります。

「叙勲でございます」とか、勲章をもらう時は名を遂げた方がズラッと並ぶ。立派な大人ばかりですよね。勲何等とか何とか賞とか胸を張ってもらうのですが、これもある種の欲の一つです。

そういう欲の世界が、私どものいる世界です。仏教では、天の上の方まで相当欲界があるというのですね。

欲界の上は「色界」です。

「色」と書いていますが色気の話ではありません。「色即是空、空即是色」の「色」は「物」ということなんですね。「いろはにほへと　ちりぬるを」の「色」です。

色というのは物という意味です。物はあるけれど欲はない世界。これが色界です。相当精神的に上の世界なんですね。

更に物もない世界を「無色界」といいます。

只、心のみの世界です。欲でなく心のみです。これはなかなか私どもにはわかりません。天の世界でもかなり上等の世界で、私達の世界に喩えると、芸術的で高尚な世界です。


「四海波静かにて、国も治まる時津風」


この「四海波静」は謡曲で、能の『高砂』の一節です。天下泰平を表現したおめでたい曲として知られていますが、現代人にはその味わいは難しいかもしれません。

「どうだった？」

「うーん、良かった」

「何が？」

「うーん、わからない」

『高砂』は結婚式でよく歌われますが、わびさびを超えて枯淡の境地の曲です。表現としては無色界の方になるのではないかと思います。欲望渦巻く世界も、名誉欲も超えてしまっている境地を表していて、たいへん素晴らしい。

しかしながら、仏教ではそれもなお迷いの世界である三界だと言うのです。

極楽は、天界も超えた世界

三界でも上等な世界である無色界の一番上にあるのはどういう世界でしょうか？

有頂天です。

俗に有頂天と言うと、「キャー」と飛び跳ねて大喜びしていくということなのですが、今の有頂天はレベルが低いですね。

嬉しいとも、悲しいとも、何とも感じない最高の境地。そういうのが有頂天です。


「非想非非想処」

想うに非ず、想わざるに非ずという所、そういうのが有頂天なのですが、天界の頂にあるので、「得意の絶頂」という意味で使われるようになったのでしょう。

ここまで含めて三界ですが、極楽は三界を超えている。有頂天をも超えているのです。極楽は、『浄土論』では次のように表現されます。

「勝過三界道」(『浄土論』真宗聖典一三五頁)。

阿弥陀仏の浄土とは、「三界の道に勝る」という意味です。

他には、無量光明土(限りなき光の世界)、初地土(智慧の世界)、蓮華蔵世界(蓮の華におさめられている世界)、安養界(安心で養いを頂ける豊かな世界)、安楽国、涅槃界と、こういう調子で様々に表現されるのが極楽浄土です。

極楽浄土のことが書いてあるお経があります。『阿弥陀経』、『観無量寿経』、『大無量寿経』などです。

「従是西方、過十万億仏土、有世界、名曰極楽。其土有仏、号阿弥陀、今現在説法。舎利弗、彼土何故名為極楽。其国衆生、無有衆苦、但受諸楽、故名極楽」(『阿弥陀経』真宗聖典一二六頁)

「これより西方に、十万億の仏土を過ぎて、世界あり、名づけて極楽と曰う。その世界に阿弥陀仏ましまして今現に法を説いておられる。その世界を何故に極楽というか。その衆生は諸々の苦があることはない。ただもろもろの楽を受ける。故に極楽と名づく」

つまり、極楽とは苦がない世界ですから、この世のものではないということです。この世は苦あれば楽あり、楽あれば苦ありなんです。水戸黄門の主題歌も、「人生楽ありゃ、苦もあるさ」ですね。

しかし、極楽は楽しみばかりだというのです。現実世界には存在しませんね。

「これがこの世の極楽だ」と酒を呑み過ぎても、翌日は二日酔いで地獄のような気分になっていたり、請求書を発見した奥さんに怒られたりする。

こういうのは極楽ではありません。

極楽は何処にあるのでしょう？

極楽は西方にあるというのですが、西という方角には意味があるんですね。お日様は東から出て西に沈む。月も東から出て西へ沈む。星も東から出て西へ行く。

「私はどこへ往くの？」

「人生の帰する所」これが西の方角にあるというのです。

バス停で待っている人がいて、ちょうどバスが来たとします。

「ああいいところにバス来た」と乗り込んで、

「運転手さん、このバスどこへ行くのですか?」

「どこでしょうね」という答えだったら、

「降ろしてくれ」と言わなくてはなりませんね。

行く先がわからないバスには乗れません。

それと同じように、行く先がわからない人生を生きることは困難です。

行く先をちゃんと知っていなければいけない。

そう言われても、人生の行き先はわからないですね。

わからないけれど、わかっている人に聞いてみたら、ということで、人類の歴史を通じて偉大な先生だと言われている釈尊に聞いてみましょう、というのが仏教ですね。

するとお釈迦様は、「極楽浄土に往くんですよ」と教えてくれます。

だから私達が「人生はどこに行くんですか?」と聞かれた時に、「わからないけれど極楽浄土に往くと聞いていますす」と答えるのはある意味、誠実な答えだと思うわけです。

人生の完成が「極楽」

さて、私達はどこに行くのでしょう？

行く先は、元気な時は考えません。体が悪くなったり、孤独な時に、「なんか一人で寂しいな、どこへ行くんだろ、結局」と考えることがある。その時に「真っ暗闇に落ちて行くんです」と俳優の丹波哲郎さんみたいに言われると怖くなってしまいますね。

「この世でなした報いは必ずある、霊界に行くのである。霊界にはピンからキリまであるぞ」なんて言われると、心穏やかではありません。

胸に手を当てると色々浮かんでくるでしょう？　小さなことでも、自動販売機で釣銭が多く入っていたのをもらったとか、交差点でお金拾ったんだけどポケットに入れたとか色々あるのではないでしょうか。人間ですから、生きていると色々とあり得るわけですね。

「この世でなした報いはあの世にあるのだ」となると怖いんです。

「極楽浄土に往くと聞いてます」と言われると、だいぶ開けた感じがするのではないでしょうか？

「お父さん、人間は死んだらどこへ行くんだろう」と難病になってしまって死期の近い子供に聞かれた時に、「治療に専念しなさい。必ず治るから」と励ましても、二歳の子供でも自分の死期はわかることがあるそうです。

その時にやはり「極楽浄土に往くんですよ」とお話しした方がいいのではないでしょうか。

「お父さんも一緒に行くよ」

「そうしたら僕、待ってるね」

「みんな極楽浄土に往く」と言えば、小さなお子さんも命の終わりというのを穏やかに迎えられることでしょう。

年を取っても、人情としては死にたくないかもしれません。まだまだ生きていたい、と思う方もいらっしゃるでしょう。だからといって最後の最後まで、「死にたくない、死にたくない。ううっ」と言っても一緒です。できればある程度の年齢になったら、「ああ、ありがとう」とか、「世話になったな」と言えたらいいと思います。

孫から見たら、「死にたくないよ」と言って亡くなるより、「ありがとう。よく生きろよ」と言って亡くなる方が、忘れられないお祖父ちゃんになるのではないでしょうか。

命が終わって往く所――極楽浄土は西方にあると表現されています。けれども、実は極楽浄土は西方にあるのではありません。

死後の世界のことでもありません。

私達は、浄土に向かう道を歩んでいます。

その人生が完成することを「往生をとげる」と言います。

その完成した場所が極楽です。

極楽浄土は好めば近くなる

十万億の仏土を過ぎて世界あり。

これは色と欲に狂わされている時には、極楽は十万億の彼方にあるということを意味します。

パチンコ屋にいる人は、極楽浄土のことは考えていません。

府中競馬場のダービーを見に行く人達は、極楽浄土を考えていません。

欲の塊になっていますね。そういう時は、極楽浄土は遠いんです。

仏教の話を熱心に聞いている皆さんは近いですよ。近いからといって、命の終わりの話でなくて、覚りの心が近い、ということです。おめでとうございます。

胸三寸が十万億土なんです。十万億土というのは、心の距離のことです。

嫌いな人といると時間が長いし、同じ食事を食べても不味《まず》いし、早く帰りたくなりますね。好きな人がいると時間は早いし、別れたくないと泣かなくてはならない。

心はそれほど大きいのです。

お酒好きな人は、飲み屋に近づくにしたがって足が速くなる。

ゴルフが好きな人は、ゴルフ場に近づくにつれて、早足になる。スキップするかもしれませんね。

お金を借りている人に会いに行くとなれば、足取りも重くなるでしょう。

何か仕事でミスをして、取引先に謝りに行く時も足取りは重いですね。引き返したくなるかもしれません。

だから「西方十万億仏土」と聞いて、嫌だと思っていれば極楽は遠くなります。けれども、欲や損得ずくめから少し離れて、極楽に興味を持ち、好きになってくれば一気に近づくのです。

極楽とは法の楽

では、極楽とは何でしょうか?

良くぞ聞いてくれました。極楽とは「極」と「楽」なんです。

答えになっていないじゃないか、と怒られるんですが、それでは「楽」についての仏教の見方を見ていきましょう。


「楽に三種あり」(『教行信証』「証巻」。『浄土論註の文』。真宗聖典二九五頁)

「楽」には三種類あるとされています。外楽、内楽、法楽です。これは『浄土論註』という本に書いてあることです。


「外楽」とは、感覚的欲望の楽しみです。

目で心地良いものを見るとか、耳で良い音楽を聞くとか、鼻で良い香りを嗅ぐ。舌で美味いものを味わうとか、皮膚で柔らかい感触を味わうとか、そういう外側の感覚の楽しみです。

しかし、そういう楽しみは、どれほどのものであっても、心が左右します。

心の楽しみが「内楽」です。

好きな人といると楽しい、食事が美味しい、時間が早く経つ。嫌いな人といると疲れる、食事も不味くなる。

そういうことで心が左右しているということです。

しかし、心というのはどうして「ココロ」と言うのでしょう。

コロコロコロコロと転がるから心と言うのだ、という話があります。一か所に心を留めようとしても、コロコロコロコロコロと転がって行くんですね。

「今、何時かしら？　そろそろ遊びに行きたいわね」

「四時過ぎに終わってどこに行く？　穴子食べる？」

「折角東京に来たんだから、どこかちょっと寄ってく？」そんな風に今も心は動いているのではないでしょうか？

「鍵かけてきたかしら？」

「孫はどうしているかしら？」

何事も考えず、ひたすら私の顔を見ている人はいませんね。

コロコロコロコロ移り変わるこの心が平安を持つためには、ちゃんとした主軸がないといけません。主軸、要、すなわち大黒柱がなくてはならない。

少しこじつけかもしれませんが、仏法によって心が揺れ動かない――これが法の楽しみです。

これを「法楽《ほうらく》」といいます。「法楽楽《ほうがくらく》」ともいいます。

仏法に根拠づけた心でないと、心はコロコロ動いてしまいます。

「えっ、生まれた？」

「えっ、何故死んだ？」

「えっ、どうしたの？」

普段は、私達はびっくり仰天ばかりしていますが、道理は何かというと諸行無常です。何事に触れても「ああ、諸行無常だね」と道理を理解していれば、大きくは揺れ動きません。

「あっ、あの人死んだんだ、何故死んだのだろう？」

「生まれて来たからだ」

「あっ、なるほど」

生者必滅《しょうじゃひつめつ》、会者定離《えしゃじょうり》となるんです。

生あるものは必ず滅し、出会った者は必ず別れる。これが道理です。

これが腑に落ちていると、瞬間的にはびっくりしても、「ああそうだったね」と心が落ち着きます。そういう具合になって、「仏様は無上の道理を身をもって示してくださった。ありがとうございました」と感謝の気持ちになる。こうなると、おたおたしないですね。

「何でそんなこと言うの、頭くるー」という時も、「一切皆苦」という道理を思い出し、「あっ、なるほど道理だね。お釈迦様が言った通りだ。思い通りになることは一つもない」となれば怒りも早く静まるかもしれません。

「どんぶり鉢、蹴飛ばして壊しちゃった」と子供が言った時も、「何でおまえ壊したんだ！」と怒らずに、「諸行無常」の道理を思い出して、「形あるものは必ず滅するんだから仕方ないね」と言えば、良いお父さん、良いお母さんになるのではないでしょうか。

そういう風に仏法という「要」がちゃんとしているのが、心がふらふらしないということです。

仏法の道理に心がつながっていれば、それが本当の喜びだ、と言うのです。

ちょっとばかりパチンコでお金が増えても、それはたいしたことはありません。

地位や名誉が上がっても、それはたいしたことはありません。

月給が増えたといっても、本当はそうたいしたことがありません。

「あいつばっかり」と必ず敵が出てきて、妬《ねた》まれます。

お金はたくさんあればあるで、税金をどうするか、遺産をどうするかと悩みは尽きません。この世の楽しみは、どんなにたくさんあっても本当の楽しみではありません。だから極楽ではありません。

法の楽しみ――これが極楽の「楽」です。

極楽とは、法の楽しみが満ち満ちている世界です。

この法の楽しみが満ち渡った極楽浄土を建立しようというのが、阿弥陀仏の願いだったのです。

欲望からの自由を願うのが極楽の最初の一歩――

阿弥陀仏の願いは四十八ですね。その最初の十一願までを改めて詳細に見ていきましょう。ここには、極楽浄土建立の願いが込められているのがわかります。

「たとい我、仏を得んに、国に地獄・餓鬼・畜生あらば、正覚《しょうがく》を取らじ」（『大無量寿経』真宗聖典一五頁）

地獄・餓鬼・畜生のない世界を建立したい。これが第一の願いですよね。

皆さんご存知の通り、戦争状態ならすぐ地獄・餓鬼・畜生が噴出してくるんですね。苦しみと欲望と自由の束縛です。

この三つの悪い世界がない国を建立します。でなければ覚りを開かないと最初に誓っているのです。

正覚とは、仏の覚りです。

これが極楽浄土建設の願いであり、基本精神の第一願です。

第二願はと言うと、

「たとい我、仏を得んに、国の中の人天、寿終わりての後、また三悪道に更《かえ》らば、正覚を取らじ」(『大無量寿経』真宗聖典一五頁)

極楽浄土は地獄・餓鬼・畜生がない世界です。

しかしながら私の国に生まれた者で、今度命が終わってから地獄・餓鬼・畜生のことをくりかえすなら、正覚を取りません。仏になりません、と願っているのです。

何のことかというと、仏になったら極楽浄土を基地にして地獄・餓鬼・畜生の世界に教化しに行かなくてはならない。教え、導きに行かなくてはならない。それなのにミイラ取りがミイラになってはいけないという話です。

第一願と第二願は、三悪道をなくすということを誓っています。つまり、欲望からの自由を誓う願いです。

第三願は、

「たとい我、仏を得んに、国の中の人天、ことごとく真金色ならずんば、正覚を取らじ」

(『大無量寿経』真宗聖典一五頁)

これは一人ひとりが輝き、皮膚の色の差別がないようにということです。

第四願は、

「たとい我、仏を得んに、国の中の人天、形色不同にして、好醜あらば、正覚を取らじ」

(『大無量寿経』真宗聖典一五～一六頁)


美しいもの、醜いものがない世界を作る。分け隔てがなく、一人ひとりが尊いという平等の願いです。

人間は、仏になることが決まっている

第五願から第十願は六神通の願いですね。

第五願は宿命《しゅくみょう》を知るようになる。

宿命というのは過去の生活のことで、宿命《しゅくめい》ではありません。過去の生活という意味です。何かというと「あの縁があったから今、遇っているんだなあ」、「こうなっているにはわけがあったんだな」そういう具合に現在、只今を受け止めるということです。

自分が、今、こうしてあることは、昔の生活が現在の自分に反映しているからです。それがさらに、民族や国の歴史もある。そういう過去の歴史まで、私という存在は背負って

いるのです。

例えば、外国人から「戦時中に日本人はこういうことをした」と言われて、「昔の日本人でしょ。今の日本人の私には関係ありません」とは言えないですね。

「あなたのお父さんのお蔭でこういう目に遭ったよ」と言われたら、「どうもすみません」と謝らなければならない。仮に両親が離婚していたとしても、「昔の親父の話は関係ないです」とはさらりと言えないですね。

それが宿命を引き受けるということです。

第六願が天眼《てんげん》　よく見えるようになる。
第七願は天耳《てんに》　よく聞こえる。
第八願が他心《たしん》　人の心がよくわかる。
第九願は神足《じんそく》　どこでも行ける。

こうした力は何のためにあるかというと、衆生を救うためです。

しかし、衆生を救うためには煩悩がなくならなくてはならない。これが真の智慧です。

この煩悩をなくすというのが第十願で、漏尽通《ろじんつう》の願です。

「たとい我、仏を得んに、国の中の人天、もし想念を起こして、身を貪計せば、正覚を取らじ」（『大無量寿経』真宗聖典一七頁）

「想念」というのは、私どもはいつも何を考えているかということなんですね。「身を貪計する」というのは自分の身体を貪る。何事よりも自分の保身を大事にする。そういうのが「漏」、すなわち欲望、煩悩です。これが尽きるようにします、という願いです。

この願いが、衆生一人ひとり主体的に成就したことを表現しているのが第十一願です。

「たとい我、仏を得んに、国の中の人天、定聚《じょうじゅ》に住し、必ず滅度に至らずんば、正覚を取らじ」（『大無量寿経』真宗聖典一七頁）

これはすべての人々が覚りを得ることに決まっている、仏になることが決まっている、と言っているのです。

仏になることが決まっている。すごい言葉ですね。

これがいつ決まるのかというと、現在只今決まるんだ、というのが親鸞聖人の教えなんです。

念仏を称えようと思った時に、仏になることが決定する

仏教は、人が仏になる教えですね。

その仏になることが決定する、とはどういうことでしょうか？

親鸞は、「現在只今、仏になることが決定する」と言い切ります。

何故かというと「念仏申さんとおもいたつこころのおこるとき」（『歎異抄』第一条）に私達は阿弥陀仏によって摂《おさ》め取られて、仏になることが決定するからです。

仏になることが決定している人のことを正定聚《しょうじょうじゅ》と言います。念仏を称えることで、阿弥陀仏の摂取不捨《せっしゅふしゃ》の利益を受けて、仏になることが決定し、正定聚になるのです。

「摂取不捨」とは、摂め取って捨てないということです。阿弥陀仏の慈悲深いお心が、私達一人ひとりを摂め取って捨てない。

私達が機嫌の良い時、悪い時、健康な時、病気の時、分け隔てなしに、常に心の中に摂め取って捨てないのが阿弥陀仏の慈悲である「摂取不捨」です。

この阿弥陀仏の慈悲を「ああ、そうだったのか」と気付き、「はい」と返事をする。それが念仏を称えようとした瞬間です。

「信心の定まる時、往生又定まるなり。来迎の儀式を待たず」

これは親鸞聖人の往生に対する言葉です。

「往生というのは、阿弥陀様が死に際に来て迎えるということではありません。私達が現在只今、念仏を称えようと思った時に、往生の人生が始まります」

ということです。

念仏を称えようと決めた瞬間から、仏になる道が始まります。すると普段から阿弥陀仏に摂め取られた人生を生きるようになる。

これを現実世界に当てはめると、現在只今も不平不満がいっぱいあるかもしれませんが、その不平不満も手掛かりになって、私達の生き様というのがいよいよ実現されて行くのだ、ということです。

「南無阿弥陀仏」があれば、人生は明るく生きられる

無駄は一切ありません。

空しくない人生を歩ませていただくんです。

「結局、死んでお墓に入るだけではないか」と言う人もいるでしょう。

違います。そうではありません。

仏になるんです。後々の人を導くことになるんです。

だから、命が終わるということは出遇い直しなんです。

グッドバイ、さようなら。死んだらもう二度と帰らない。そうではありません。

思い出として、いつも帰ってくるんです。

「ああ、お父さんこういうこと言っていたな」という形で、亡くなった後も人々を教え導く。だから皆さん、やっぱり若い人の機嫌取りのことばかり言わずに、ちゃんと言うべきことは言うべきですよ。

これから必要なのは意地悪爺さん、意地悪婆さんだと思います。孫にとっていい爺さんじゃなきゃ、なんて頑張るのはやめた方がいいと思います。

「このクソじじい」と言われるくらいの方がいい。後々、「あっ本当のことだったんだ。お爺ちゃん、本当のこと教えてくれていたんだ」となった方がいいのではないでしょうか。往生をとげるということは、往生を果たしとげるということです。つまり、果たすべき役割をとげるということです。

往生は、現在只今から始まっている――こういうのが親鸞聖人の捉え方です。すると往生というのは、活きいきと「生きる」ものとなってくるんですね。

死んで往生ではなくて、現在只今の人生も往生の中にあるということになります。たとえは古いですが、将棋の阪田三吉が「明日は東京に出て行くからは、なにがなんでも勝たねばならぬ」とあの手この手の思案を胸に、大阪でもう東京の勝負を考えているわけです。だから大阪にいる時から、東京に行くのが始まっているのです。

それと同じように、現在只今から極楽浄土は始まっていると、こう見ればいいのです。これが現在の人生である、ということをそのままに受け入れて、「ああ、ありがとうございました」というのが念仏です。

仏を念う時に「南無阿弥陀仏」と言います。これは人生に対して「ありがとうございました」というお礼の言葉でもあります。

私達は皆、「お蔭さま」の力で生かされています。お蔭さまは、平等ですね。つまり、

「摂取不捨」なんです。誰一人として捨てられてはいない。

「こんな人生、何にも面白くない」そういうことを思っても、心臓は動いているわけです。息はちゃんとしているんです。

「こんな私なんていなくていいでしょ」とへそを曲げても、「こんな私」のおしめを取り換えて、子供の時からご飯を「あーん」と食べさせてくれて、着替えさせてくれて、数々の世話をしてきてくれた人がいるはずです。そういうことを振り返れば、「お世話になってありがとうございました」と礼を言うのが人生ではないでしょうか？

物が豊かになって幸せというのでなくて、生きていること自体の幸せを感ずる感覚が幸せです。

生きていること自体の不思議とありがたみを感じないと、何をやっても不平不満ばかりになってしまいます。

結構な家に住んでいても「足りない、足りない」となると不幸です。

小さなアパートでぎりぎりの生活をしていても、「生まれてきてよかった」と感じていれば幸せです。物も何もなくても「ナンマンダブ」がある方が人生は豊かですね。そういう人生観というのはいかがでしょうか、ということです。

「南無阿弥陀仏」があれば、人生は明るく生きられます。

これは、先人が人生の苦労の中から本当にそう感じてきたことなのだと思います。だからこそ多くの人々に念仏が受け継がれ、称え続けられてきたのでしょう。

人生は、空しくないのです。苦労を嫌がる必要もありません。苦労は無駄にならないのですから、ありがとうございました、とお礼を言いましょう。

老いること、病むこと、死ぬこと——「老病死」は辛いことだけれども、この中にこそ本当に「ありがとうございました」と言えるような課題があるのだ、ということでしょう。そういう風に死を受け止め、感じながら生きることが往生の歩みである、という具合にいただいたらいかがでしょうか？

死んで駄目になる、無意味になる、ということではありません。

死んでますます生きる者になる。

それが私達の人生である。どんな人生でも、そういう意味がある、といただいていきましょう。

これが親鸞聖人の心です。

その心が私達に向けられていることが、大きな喜びなのです。

第五章

悩みや苦しみが覚りになる

お経は生きた人に語りかけるもの

この最終章では、『歎異抄』がどういう本か、その内容を現代の事例に当てはめて、皆さんの身近なものに感じていただけるようにしてみましょう。今まで同様、重複のところもありますが「南無阿弥陀仏」と同じように繰り返すことで忘れない、という面もあると思いますので、ご容赦ください。

さて、『歎異抄』は十八条からなりますが、前半は親鸞の言葉を記した「師訓篇」と申します。

「篇」というのは文章のまとまりのことですね。「篇」というのは昔の字で、今は「編」と書くのが一般的です。前編、後編といいますね。

後半が「歎異篇」です。「異なるを歎く」文章です。つまり、前半は親鸞聖人の教えを紹介し、後半は著者の唯円が、先生の教えが異なる形で伝えられていることを嘆いているのが『歎異抄』という本の構成です。

前に序文があり、それから中程にまた中の序があり、それから後ろに何故この本を書いたかという後序がある。後序は十九番目の文章のまとまりなので第十九条という言い方もありますが、とにかく三つの序があります。その間に「師訓篇」と「歎異篇」が入って、後序の後に「承元の念仏弾圧の記録」が載っています。

更に『歎異抄』の「御文」という文章を書いたのが、室町時代の蓮如という人です。

「あなかしこ、あなかしこ」で有名な『御文』を書いたのが蓮如です。浄土真宗の法事といったら大体最後は「あなかしこ、あなかしこ」と結ばれる文章を読むんですね。

「朝には紅顔ありて夕べには白骨となれる身なり」(『御文』真宗聖典八四二頁)

「朝には元気な顔をしていても、夕には白い骨になってしまっても何にもおかしくないですよ」

そういう『御文』の言葉です。

無常という事実――これを見つめ、悔いのない人生を生きていきましょう。そういうことを勧めるのがこの「白骨の御文」です。

この御文をはじめとして四百通以上の「御文」を書いておられるのが蓮如という人です。

蓮如は『歎異抄』を書写しましたが、それが現存する一番古い本です。この「蓮如の奥書」と言われるものが付いていて大体『歎異抄』はワンセットです。

「蓮如の奥書」がなかったり、流罪の記録である承元の弾圧記録がない『歎異抄』のテキストもありますが、今日も色々な形で『歎異抄』が編集されている。本当に不思議な本だと思います。

『歎異抄』を読むということは、親鸞聖人とおしゃべりすることになるということです。昔の願い、本当の願いに耳を傾けるということです。

この本当の願いをお経にしたのが阿弥陀仏の源である法蔵菩薩の昔の願いです。この願いを読む方々もまた、一人ひとりの願いがあったことでしょう。

「あなたの願いはなんですか?」

「本当の願いを言ってください」

そういう問いかけを感じるような響きがあるのが、実は、お経なんですね。

お経というのは死んだ人に読み上げるものではないのです。生きている人に向けて、釈尊がお話しなさったお説教なんです。

ただインド語を漢文に訳したものなので、日本語の解説が少なければ棒読みをしても何を読んでいるかわからない、ということになります。だから「その意味は?」とひとこと聞いてもいいと思うんですね。

例えば、お坊さんがお経を読んでいる時に、ちょっと袈裟の袖を引っ張って「今のは何？」と聞いてみましょう。「うるさい」ではなく、「よくぞ聞いてくれました。これはですね、こういう意味でございます」なんて答える方なら、「御主《おぬし》できるな」ということになります。

お経は、元々は釈尊が人にお話しなさったお話の記録です。それが語り伝えられて、文字になってお経になってきたんですね。ですからお経はお葬式の時に称えてもらうものではなく、本当は私どもがその語りかけを聞くというのが大事なのです。

それによって「私の本当の願いは何ですか？」というところまで考えさせるのが、「弥陀の本願」の話です。

釈尊を生み出した願い

「弥陀の本願」とはどれくらい前の話でしょう？

釈尊のおられた二五〇〇年前よりもはるか昔です。「弥陀成仏のこのかたは　いまに十劫をへたまえり」（真宗聖典四七九頁）とあります。さらに永劫の昔から修行をなさっているとされていますから、遠い昔の歴史の根源から、阿弥陀の願いは生き続けているのです。

この弥陀の本願に遇った人の歴史が、釈尊、善導大師、法然上人、親鸞という念仏の伝統になります。

お経は釈尊が説かれたものなら、弥陀の本願より釈尊の説教の方を先に出さなくてはおかしい、と批判する人がいます。しかし、そうではなくて釈尊を生み出したのは弥陀の本願なのだ、釈尊よりも以前からずっと弥陀の本願は伝わってきたのだ、というのが善導大師から連なる念仏の伝統であり、『歎異抄』の教えです。

浄土真宗のお寺が、釈尊ではなく阿弥陀仏を本尊にしているのは何故かというと、釈尊の説教に従って阿弥陀仏を信じることによって、私達も釈尊と同じように仏陀になるからです。

釈尊は特別な才能があるから一人で仏陀になったわけではありません。そこには、釈尊を生み出した人類の祈りというものがあります。

仏陀を生み出す背景が重要なのです。一人だけ立派な人が出るのではなく、その人が出るためには人類の歴史の苦労があるのです。

その苦労の願いの大本が、弥陀の本願です。

だから弥陀の本願は人種差別をしません。善人、悪人、あらゆる人の差別をしない。なぜかというと、人類の根源の願いだからです。

一切の衆生が、本当に助かっていく教えを明らかにしてください、という願いがずっとあったのでしょう。その願いの歴史がずっと貫いて、私達の所までやってきました。その願いの歴史とは、苦悩をもって生きているものを必ず救う、という歴史です。

その阿弥陀仏の願いが具体的に結実したのが、弥陀の誓願の第十八願です。

お金がなくても、難行ができなくても、念仏はできる

さて、弥陀の誓願の第十八願とはどういうものでしょうか？

「唯念仏をもって衆生を救おう」という願い。これが第十八願です。

この十八願は、「十八番《おはこ》」という言葉の由来でもあります。

カラオケでマイクを取り上げる時、「あっ、これ私の十八番」と自分の一番大好きな、得意な曲のことを「おはこ」と呼びますね。つまり、四十八願の中でも、とりわけ「念仏往生の願」が大事なものであるとされてきたのです。

阿弥陀仏は、念仏によってすべての人を救おうとしたのです。

どうして念仏を選び取ったのでしょうか？

容易だからです。

何だか怠けものみたいですが、そういう話ではなくて平等の慈悲によって、「普《あま》く一切を摂せんがために」、誰にでもできる念仏を選び取ったのです。

「一切を摂する」とは受容するということです。

親鸞聖人の先生である法然上人は、念仏について次のように言っています。

「造像・祈禱等のために本願となしたまわず。唯、称名念仏一行をもって」

「造像・祈禱ではなく、念仏だけによって」という意味です。

「造像」とは、仏像をこしらえるということです。

どんな仏像をこしらえるのですか？

ピンからキリまでありますけれども、どうせこしらえるならいい物をこしらえたいでしょう。

例えば、宇治の平等院鳳凰堂の阿弥陀如来像があります。平安時代、関白頼通が、その当時の有名な仏師・定朝に彫らせたのが阿弥陀如来像です。

あるいは奈良の東大寺の仏像。これは国家予算の何倍もかけてこしらえたとのことです。

様々に大きな仏達はありますが、何が問題でしょうか？

莫大な経費がかかるのです。

それでは「祈禱」というのは何ですか？

塔を建てるということです。

塔とは何ですか？

仏塔です。仏陀の遺骨を安置したお墓の塔です。お墓のことを「ストゥーパ」と言いますが、これが当て字で卒塔婆という具合になりました。能楽ですと、「卒都婆小町」というのがあったりします。

塔というのは五重の塔です。こういうのは結構な物ですね。とても一般庶民に建てられるものではありません。

仏教の修行にもまた、たくさんの種類があります。


「五根五力　七菩提分　八聖道分」（『阿弥陀経』真宗聖典一二七頁）

六波羅蜜は、布施、持戒《じかい》、忍辱《にんにく》、精進、禅定、智慧と六つ。こんな風に数限りなくたくさんの修行があるわけですが、それらは在家ではできない人が多い。

いつでもどこでも誰でもできるのは「ナマンダブ」です。
普く一切を摂め取るために、「唯称名念仏一行」を本願としたのです。
こういうのが念仏のお話ということですね。

「不思議」が私達を生かしている

弥陀の願いが、私達すべての存在にはかけられています。誰一人漏れることなく、摂め取られているのです。

弥陀の誓願不思議というのは、そんな人間の思いはからいを超えたはたらきの「不思議」のことです。

何より一番不思議なのは、今、私がここにいるということです。こうしたことは普通は考えません。

何故、あの人でなくて私なの？
何故、他の所でなくてここなの？
何故、別の時でなくて今なの？

何故、今ここに私がいるの？

何故？

こういうのを示すのが人間の意義です。

こうしたことは、何事かあれば、ああそうかなと思うけれど、普通はなかなか思わない。隣同士で比較し合い、隣の芝生は青いとか、人の飯は白いとか、そういうことばかり考えているのが私達凡夫ではないでしょうか。

「私のような点数ではこの学校は無理かな。やっぱり私は駄目なのかな」

子供の多くは常に比較されて生きています。しかし、どの子供もテストで良い点数が取れるわけではありません。良い点数を取ることのできる子もいれば、できない子もいます。

点数の物差しだけで見るとそうだけれども、親から見れば子供は子供です。

もちろん、子供は健康の方がいいでしょう。けれども、病気の子供の方が心配なんです。

それが親心です。成績評価の点数で並べるだけではない見方があります。

そんな風に、誰だって願いがかけられているのです。

その願いがかけられている証拠は何ですか？

ご自身の名前を見てください。

「あー、変な名前」という人は、なかなかいません。

「悪魔」とか、「への九番」という名前の人はなかなかないと思います。いたらニュースになるくらいです。

皆さん、それぞれ良い名前が付いていると思います。

「幸子さん……幸せになるように」

「正さん……正しく生きるように」

「良子さん……良い子になるように」

と願いがかけられている。願いは他の人でなく、私にかけられている。

それに気が付かずに、人と優劣を競って威張ったり落ち込んだりしていると、これは非常に残念なことではないでしょうか？

自分自身が生を受け、ここにいるということ――このこと自体が尊いことです。これが釈尊のメッセージです。

釈尊の亡くなる時の言葉は、「自燈明・法燈明」です。

「自」は自分。「燈明」は燈火。「法」は仏法。

自らを燈火とし、法を燈火とせよ。他に依ることなかれ。

他とは何ですか？

自らの法以外のものです。

地位や名誉やお金、そういうものを燈火にしてはいけない。人生の指針にしてはいけないと言っているのです。

「でも、住んでる家は大事だもん。せめて一軒家に住みたい」と思うかもしれません。

しかし、家がその人自体でありませんね。乗っている車がその人自身ではありません。

ヤドカリが「どうだこの貝は？　最近これなんだ」と威張っているようなものだという話があります。

人間が乗っている車を自慢したり、住んでいる家を自慢して「三千坪の家だ」と言っても知れたものです。結局、ヤドカリが背負っている貝殻を自慢するようなものではないですか？

貝殻で人の価値が決まるわけではありません。

ヤドカリというのは本体は何ですか？

エビよりも弱いものではないですか？

魚に喰われないように貝殻に潜って生きているわけです。貝殻を自分でこしらえたわけではありません。ただそれに住んでいるだけです。本物のヤドカリはそれを知っています。だから何も言いません。それなのに「どうだ！」と威張っているのが人間です。

そういう比較対象でなくて、自らを燈火とし、法を燈火としなさい、というのが釈尊の教えです。

その「自ら」というのは、我がまま勝手な自分ではなくて、只今現在、生かされているこの自分です。

生かされている——このまことの道理が法なんですね。

生かされている自分という事実に感謝し、法を燈火として生きていきましょう——そういう願いが私達にはかけられている。

にもかかわらず、私どもは、その願いのはたらきに気付かず、自分の力で生きていると思っています。

しかしながら、良く生きてくれよ、という願いで赤ちゃんから大人になることができたし、自然の恵みが食事となって、食卓に出てくるのではないですか?

世知辛い世の中を生きていると「私のような者は必要ないんだ」とがっくりくることもあるかもしれません。

「自分なんて、生きていても意味がないのかな?」とついつい思ってしまうのです。

それでも、誰かに必要とされて、生かされて、今まで生きてきたのが自分です。小さい時からたくさんのお食事をいただいて、服を交換してもらって、身体を洗ってもらって、誰かが世話してくれているお陰で今日まで来ることができました。

そういうことは、普段は思いもはからいもしていませんが、やはり不思議です。不可思議――それこそが私どもを生かしてくださっている――という具合に気が付けば「ありがとうございました」と自然となってくるのではないでしょうか。ここに活き活きとした、生き様というのが開かれてくる。

そういうのが「往生」という歩みのことです。

極楽浄土を目指す生き様が往生の歩み

往生の歩みの行く先は西方極楽浄土。

『阿弥陀経』や『大無量寿経』というお経にそう書いてあります。

今、お経は岩波文庫の『浄土三部経』などで市販されているので幾らでも読めるようになっています。退屈だったらそういう本を開いてみられるのもいいのではないかと思います。特に、お勧めは不眠症の方です。「あー眠れない」となったら、どうぞお経の本を開いてください。

「如是我聞。一時仏在王舎城」ぱたんと眠れます。

漢文で書いてあるし、訳を読んでもなかなか意味がわからないのです。

極楽は西にあるのだな、と思うくらいでしょう。

さて、極楽はどういう所ですか？　酒はうまいし、姉ちゃんはきれいだしというのが極楽ではありませんね。

ザ・フォーク・クルセダーズに『帰って来たヨッパライ』という「おらは死んじまっただ♪」で始まる歌がありました。その中で天国についての一節があります。

天国よいとこ　一度はおいで　酒はうまいし　ねえちゃんはきれいだ……（台詞）
『なあおまえ、まだそんなことばかりやってんのでっか　ほなら出てゆけ』

それで天国から追い出されて生き返る。天国というものをよく表している歌です。

極楽の喜び楽しみは、そのような欲望による感覚的なものではありません。

まことの道理に目覚めた喜び。それが極楽です。

そういう極楽を心に掛けて今を生きるのが、往生極楽という歩みです。

極楽浄土の「本」には願いがあります。

その願いが実現された世界というのが極楽です。

あるいは願いが実現されつつあるというのが極楽です。

あるいは願いを実現していく目標が極楽だ、とそういう具合に見ていただくとよろしいと思います。

これが弥陀の誓願の最初の願いです。つまり、地獄餓鬼畜生のない極楽の実現を目指しているのです。

こういう願いを真摯に聞くことができれば、世界も平和になってくると思います。

今、中東の問題だけではなく、アジアでもアフリカでも、世界中いたる所に戦争やテロ、貧困の問題があります。

人間が正義を立てて戦うことで、地獄餓鬼畜生に満ちた世界になってしまう。そういうことがないようにしなくてはならない、というのが弥陀の誓願・第一願です。

国連憲章に書いてあるわけではなく、阿弥陀仏の願いです。つまり、私達は阿弥陀仏と同じような願いを持たなくてはいけない時代に生きているのです。

これを目指して生きていくんだ。

こういう具合になると、お経のいただき方の雰囲気もだいぶ変わってくるのではないかと思います。

意味もわからず、退屈で寝ている場合ではありません。

極楽浄土を目指して生きていくんだ。そういう生き様が往生の歩みです。だから完成してしまったとは、いかないですね。

常に目指して生きていくということです。出来上がってしまった、と言ってしまったら間違いですね。この世の中が極楽になるように生きていくのです。

家庭教育としての「南無阿弥陀仏」

その極楽浄土に往きやすい方法は何ですか？

色々な修行はあるけれど、全員はできません。どなたもできるというと「南無阿弥陀仏」ですね。

歯が生える前にもできます。

「マンマンマンマン（南無阿弥陀仏）」

「あらお念仏してるね」と誉めればいいのです。

お祖父さんお祖母さんが「ナンマンダブツ、ナンマンダブツ」と称えていると孫が「マンマンマンマン」と真似して言う。

「よしよし」と誉めてあげれば、将来は必ず幸せですよ。

「おはよう」「こんにちは」「ありがとうございます」という挨拶がちゃんとできるようになるのは、大体家庭教育の成果なんですね。

私は、九州大谷短期大学の学長をしていますが、九州大谷幼稚園の理事長もやっています。先日は、入園式にも行きました。

「みなさんこんにちは！」と挨拶をして、園児に話しかけたのです。

入園式が終わると、

「先生　今日はお蔭さまで楽しかった」と言って、園児が帰って行くのです。

「えっ？」と私は驚きました。

「今日、お蔭さまで楽しかった」

家や近所でそういう言葉を普段から使っているから　幼稚園児がそんな達者な挨拶をすることができるのです。おそらく親同士が「お蔭さまで」と挨拶していたのでしょう。いきなりは出てきません。親の言葉や、仕草、身振り手振りを見て真似しているのです。これが家庭教育です。

これからはお寺に行って「手を合わせてお参りしましょう」と、お話しされたらいかがでしょうか。それだけでも大分世の中変わると思います。そうしたことを一切していないから、暴力的な世の中になってきているのです。

「安心、安全」を請い願うばかりではなく、「南無阿弥陀仏」と称えて、「世界中の人が浄土に生まれることばなんだよ」と意味を教えるのも一つの家庭教育になると思います。

悩みや苦しみが覚りに転換して輝く

極楽往生というのは、死ぬことではない、と申しました。

それでは親鸞聖人は、極楽往生についてどのように説明しているのでしょうか？

「往生」というのは三種類あるというのが、親鸞聖人の説明の仕方です。

「双樹林下往生《そうじゅりんげおうじょう》」、「難思《なんし》往生」、「難思議《なんしぎ》往生」の三つです。

これを三往生と言います。漢字だけ見ると難しく感じるかもしれませんが、意味は明瞭ですからご安心を。さて、一つひとつを見ていきましょう。

「双樹林下往生」とは、

沙羅双樹の花の色
盛者必衰のことわりをあらわす

『平家物語』の冒頭の一節ですね。釈尊が亡くなった場所というのが沙羅双樹の林の下です。つまり、死ぬ時が往生という意味が「双樹林下往生」です。

次に、「難思往生」というのがあります。「思う」のが難しい。これは念仏をしているが、まだ自力の段階ということです。

三番目の「難思議往生」というのは「思う」のも「言葉」であれこれ言うのも難しい。つまり、不可思議ということと同じことですね。

この不可思議な往生が三段階目です。不可思議の弥陀の大慈悲に従って念仏して、浄土へ往生するという段階です。

親鸞がこの三つの段階を通ってきたということを述べているのが、次の文章です。

「ここをもって、愚禿釈の鸞、論主の解義を仰ぎ、宗師の勧化に依って、久しく万行・

諸善の仮門を出でて、永く双樹林下の往生を離る」(『教行信証』真宗聖典三五六頁)

死ぬ時が往生という往生は離れました。その後に、

「速やかに難思往生の心を離れて、難思議往生を遂げんと欲《おも》う」(『教行信証』真宗聖典三五六頁)

「遂げんと欲う」

往生に向けての現在進行形なんですね。同じ往生という言葉であっても、親鸞の場合は現在進行形の意味が強くあるのです。

現在進行形ということは当然、生きている只今現在を含みますから、悩みや問題もあるわけです。しかし、そういう悩みやトラブルもきっかけにして、往生に向けて進んでいくのだ、ということです。

「地位や名誉やお金に右往左往しているのでは、本当の生き方でないなあ」と気が付いて「親鸞が言ったことはこうだったな」と立ち帰る。

そういうことを繰り返す中で、氷が解けて水になるように、木が燃えて火になるように、

悩み、苦しみが覚りに転換して輝く。そういう生き様が親鸞にとっては、「往生の歩み」と言うのです。

だから『歎異抄』では「往生をばとぐるなりと信じて」と書いてあるのですね。

「往生をしてしまった」ではなくて「とげる」ことを「信じる」というのが、現在進行形の往生だということを表しているのです。

「命」の力に気付き納得することが「信じる」——

『歎異抄』の場合は、「信じる」というのは心に受け入れる、納得するという意味で使われています。

普通は「信じる」といったら、「疑っている」ことが背景にありますね。

「坊や、信じてるわよ」と言う時、お母さんは相当疑っています。

もっとすごいのは、

「パパ、出張中ちゃんとするのよ。信じてるわよ」これは相当疑われています。

銀行からお金を借りる時も、

「それでは貯金通帳。土地の書類。印鑑証明書。収入は？　はいはい、わかりました。源泉徴収票は？　あーありますね。これだけでしたら、あー信用できます。貸しましょう」やはり相当疑っていますね。

信じると言えば言うほど、何か疑っている――俗世では、そういう形で「信」が使われています。

あるいは、あるかないかわからないものを「あるに違いない」と思い込むこと――「これが信心だ！」と言う人もいます。相当力が入っているわけです。しかし、そういう「信」は難しいですね。

親鸞の場合は、そうは言わないのです。

心に受け入れる。納得するということが「信」です。

「今日、どうやって来られました？」

「電車で」

「飛行機で」

飛行機に乗る時に、「飛行機落ちないだろうか？」とは言わずに「どうぞお乗りください」「はーい」と乗って来るわけですね。

電車は「脱線するんじゃないか」と疑って乗りませんね。そういうことをわざわざ信と言わないけれども、それが「信」なんですね。疑わずとも、当たり前のように信じているわけです。

そういうような「信」の話というのは、他力の信心という話と同じで、自分で決めつけるのではなくて「なるほどそうか」と腑に落ちる話なのです。

いきなり「他力」なんて言われてもわかりませんよね。「自分で頑張らないで人任せということ？」なんて否定的に思うだけかもしれません。

ところが、「心臓が動いているとか、息をしているとか、そういうようなのが他力の感覚なんです」と説明すれば、「あっそうか」と腑に落ちる。

それが「信」ということです。

だから「いや、何が何でも信じて行きます」と言う人には、そんな軽い話ではないと怒られるかもしれませんが、力もうと力むまいと、心臓は動いているのですね。息はしているわけです。

「自分の命」と思っているけれど、「命」の方が大きい。「自分の意志」よりも「命」の方が大きい。そういうものに支えられている。

その「命」の力に気付いて、「そうだったのか」と心から納得することが「信じる」ということです。

信の第一歩は、自分自身が何者かを知ること――

しかし、「弥陀の誓願不思議にたすけられて往生をとげると信じる」なんてどうしてできますか？

「弥陀なんているの？　だいたい。いるんだったら出て来いよ阿弥陀仏」

「誓願？　何が誓願だ。お経に書いてあるだけでないか」

「弥陀に助けられる？　何言ってんだ」

これでは「往生をばとぐるなりと信じて」なんて言葉は出てきませんよね。

最初に疑いしかなかったら、素直に「往生をとげることを信じる」と受け入れることはできません。

だから「信」というのに前提があるというのが親鸞の話なんですね。

これは元は善導大師の言葉ですが、親鸞はその言葉を信じる、と言っています。

一つには決定して深く、「自身は現にこれ罪悪生死の凡夫、曠劫より已来、常に没し常

に流転して、出離の縁あることなし」と信ず（『教行信証』真宗聖典二一五頁）
「自分自身は今現在、罪悪を抱え、生死の迷いから抜け出せずにいる凡夫である。ずっと遠い過去から今まで常に悪道に身を沈め、流転している。そういう迷いの世界から離れる手立てを持たないのが自分なのだ」ということを信じる。

自分が「罪悪生死の凡夫」であるという言葉を「信じる」と親鸞は言っているのです。普通は、こういうことを「信じる」とは言いません。

「極楽浄土があるかないか？」

「あります。阿弥陀様はいます」

そういう具合に考えるのが信心と私どもは考えがちですが、信心といったら「本当の自分が何者か知ること」が「信」の第一歩なんだと親鸞は明言しているのです。

自分とは何者でしょうか？

親鸞は自分のことを「煩悩具足のわれら」と言います。「罪悪生死の凡夫」であることも認めています。つまり、「悪人である」と言っているのです。

「そんなことない。何も悪いことしてない」と私どもは大体考えています。自分が悪人だなんて考えたくもありません。

人の足を踏んで、

「痛い？　そんな痛かった？　そんなつもりはないけどね。謝れって？　何言ってんの？　私の足の下にあなたの足があったからでしょ。悪いことしてないもん私。誰にも迷惑かけてないですから」と考えてしまいがちです。

しかし、自分には罪がない、人に迷惑をかけていないと考えるのは大きな間違いなんですね。

ちょっと視点を変えると、私達は生まれた時からずっと迷惑をかけているわけです。お父さん、お母さんに迷惑をかけて大きくなってきた。そういうことを子供ができた時に気が付くという人もいます。「子を持って知る親の恩」。自分が親になって、こうやって世話をかけてきたんだな、と気付くのです。

「そういえば自分もインフルエンザになった時はあるな」と気付く。その時に誰が面倒見てくれたか——「ああ、お袋だった」と気付くのです。

ところが親に対しては、お世話になったことについて「ありがとう」と言うかというと、なかなか言いませんね。

「どこのどなたか知りませんが、ご親切に。なんだお袋か。なんだ親父か」

赤の他人には「ありがとうございました」と言っても、それを身内になかなか言わない。迷惑をかけて世話になっているのに「ありがとう」と言わず、当たり前のような顔して生きている。

「そういうこと自体が問題じゃないですか？」と言われて、「問題じゃありません」と答えるのが私達です。

確かに法律的には問題ないでしょう。しかしながら、道義的には問題があるのではないでしょうか？世話になっているのに「ありがとう」と言わないのです。

なるほど刑法何条には触れません。「世話になってありがとう」と言わないから逮捕とはならないけれど「ありがとう」と言わないのはおかしいですね。

「罪悪」というのは法律的な罪悪の話ではありません。例えば、私達は生きものの命をいただいて暮らしてきています。

「昨日のステーキ美味しかったね」

「子牛のお肉が柔らかくて美味しかったね」

これは子牛の親が聞いたら泣く話ですね。

私達は、生き物殺しに関わっていることに気付いて、「ごめんなさい」とは言いません。ベジタリアンになりなさい、ということではないのです。

人殺しだけが悪いわけではありません。人殺しもちろん悪いけれども、生き物殺しについては、何とも思わない。こうしたことに、気付いていないのが私達だということです。人を傷つけて、けろっとしているのも同じことですね。私達は知らず知らず誰かに迷惑をかけて生きています。

そういうようなことを省みて、「ご迷惑をかけてきたな」と思う。そういうような感覚が、まずは「罪悪生死の凡夫」という見方の入り口なのではないでしょうか。

どうしようもない自分を認める

私達は、はるか遠い昔から今までずっと自己正当化を繰り返して、それで迷い続けてきました。

「ごめんなさい」と謝れば済む話なのです。それなのに、「あなたが謝るんだったら私も謝る」とか、

「それは私も悪うございましたが、しかしあなたも相当悪い」なんてことばかりを言って、なかなか素直に「ごめんなさい」と言いません。自分が悪いことをしてきたことを素直に認められないのです。

そうやって自己正当化を繰り返して、正義を立てて、喧嘩ばかりしてきたのが人類の歴史です。

自分の本当の姿を認めることができなければ、これから先もずっとそうでしょう。「今日から心を入れ替えて仲良くします」と言っても、何かあったら、「私、仲良くしようと思ったのに、あなたはどうして逆らうの！」とあくまでも自己中心的な考え方が心の中に残っているのです。

問題は、自分の中にある、と気付くというのが信心の始まりです。

これを「機の深信」といいます。

自分自身のどこにも良いということはない、ということに気付くことができるでしょうか？

なかなか難しいですね。親鸞聖人のように「罪悪生死の凡夫」と自分のことを認めることができるかということです。それが自分を信じるということです。本当の自分自身の姿を知ることが、信じるということの最初の一歩です。

普通は「自分を信じる」というのは良い意味で使われますね。

「自分を信じろ、君はやればできるんだ。立派なんだ。正しいんだ」というのが一般的に使われる「自分を信じる」です。

しかし『歎異抄』の場合、「自分を信じる」というのは自分はどれだけ迷惑をかけてきているか、を知ることです。

自分は一瞬も油断も隙もないものだ。

一旦ことあれば、どんなこともしかねない自分だ。

そういうことに気が付くというのが「信じる」の始まりです。

そんなどうしようもない自分と知ったからこそ、どんな人でも決して見捨てない阿弥陀仏の慈悲を信じる、という話につながるのですね。

善人の家は暗く、悪人の家は明るい

阿弥陀仏の四十八願による往生を信じることを「法の深信」といいます。

自分が悪人であることを自覚する「機の深信」によって、「法の深信」に向かうことができる。これを「二種深信」といいます。

自分自身が何も取り柄のない、自分ではどうすることもできない存在だと気付くことから、阿弥陀仏を信じる道は始まります。

『歎異抄』ではそんな自分のことを「罪悪深重煩悩熾盛の衆生」と表現したり、「煩悩具足の凡夫」と言ったりします。

そういうことに気が付くと、普通は暗くなるように思えますね？　ところが、暗くならない考え方なんです。

「私が悪うございました」と言うと明るくなれるというんですね。

「えっ？　どういうこと？」と不思議に思うかもしれません。どうして自分が悪いと認めると明るくなれるのでしょうか？

例えば、

「誰だ？　冷蔵庫のドア開けたままにしてる奴は」

「私です。すみませんでした。ごめんなさい」

家の中は明るくなりますよね。

「何言ってるんだ。気が付いたらドア閉めればいいでしょ。何よ、威張って」そうやって言うと、「何よお！」という展開になる。

「誰だ。誰もいない部屋にエアコンガンガンつけて」と怒る人は、「それをやったのは俺じゃない、他の駄目な奴だ」ということを暗に言っているわけです。すると言われた方は面白くないから「何よ、ケチ、バカ」となってしまいます。

けれども、人から「バカ」と言われたらしめたものなのです。

「はい。さようでございます」と言えばそれでおさまるのです。

それなのに「お前こそバカ」と繰り返してしまう。

「バカ」と言われたら、「はーいありがとう、ご明察！」と言えばいいのです。

「ごめんなさい。私が悪うございました」と謝っている家は明るいのです。

「私が謝っているのに、どうして謝らないんだ」と言うのは、まだ自分が悪いと認めていないということです。「自分は悪くない、善人なんだ」と暗に言っているから、喧嘩になるのです。

善人の家は暗い。

悪人の家は明るい。

そういう場合があるんですね。

一律に善と悪とを決めて考えるとわからない話です。自分が善い側だと言っている時は大体迷惑をかけています。

「悪うございました」と言っている時にも、迷惑をかけているかもしれない。とにかく頭の上げようのない私です。

だから親鸞は「善も悪も全くわからない」と言っているのです。善い悪いは、自分の都合でしかない。本当の善い悪いは阿弥陀様にしかわからない。ただ一つわかることは、自分が煩悩具足の心を持っている凡夫ということだけだ。つまり、自分が悪人であることを認められたのです。

「こんな愚かな私によくぞ付き合ってくれてありがとうございました」

私達がこんな風にちらっとでも思う時はどういう時かというと、せいぜい手を合わせて仏様に向かっている時ではないでしょうか。

人に向かっている時はそうはいきません。どうしても「私の方が正しい」「私は悪くない」「おまえが悪い」という我が出てしまう。

仏様に向かうと、仏様は何も言いません。

だから黙って手を合わせている。

すると自分自身がどうなのか、と省みさせられる。

仏に向かい、自分自身に向き合うことで、新たな精神生活が広がってくるわけなんです。

罪深い「私一人のために」弥陀の本願がある――

自分のことを「煩悩具足のわれら」すなわち「悪人」と言った親鸞は、阿弥陀仏の願いをどのように受け取っていたのでしょうか。後序に次のような言葉があります。

聖人のつねのおおせには、「弥陀の五劫思惟の願をよくよく案ずれば、ひとえに親鸞一人がためなりけり」（『歎異抄』真宗聖典六四〇頁）

「聖人」とは親鸞のことです。いつもおっしゃっていた言葉として記されています。「ひとえに親鸞一人がためなりけり」というのは、「弥陀の本願は親鸞一人のためにあった」ということです。

すごいですね。

すべての衆生のための願いなのに、弥陀の本願は「私のためだった」と断言しているのです。

どうしてでしょうか？

「されば、そくばくの業をもちける身にてありけるを、たすけんとおぼしめしたちける本願のかたじけなさよ」（『歎異抄』真宗聖典六四〇頁）

「数知れない業をもった自分であるのを助けようとしてくださった本願が、なんとかたじけないことか」これが親鸞の普段の言葉でした。

「そくばく」というのは数知れないという意味です。「業」というのはこの場合、悪い行いのことですね。その業を数知れず持った自分をこそ何とかしよう、助けようという願いがかけられていた。何とありがたいことか。このことに気が付くというのが『歎異抄』で言われる信心です。

自分がどうしようもないものだからこそ、弥陀の本願が建立された。

このような私のためにこそ、仏の本願がある。

罪深く、愚かな、一人ひとりのためにこそ慈悲深い弥陀の願いがある。

それが「ひとえに親鸞一人がためなりけり」の意味です。

自分自身を深く省みることが他力真実の信心です。

念仏とは人生の絶対肯定

自分自身を省みる。「私はどこも悪くない」というのは、省みてないからです。

何か問題があった時、「やっぱり自分が悪かったな」と気付いて、「ごめんなさい」と謝ると、ふと楽になる時があるんですね。

謝る。

お礼を言う。

この二つは心が穏やかになる道です。

実は、これが念仏です。

「南無阿弥陀仏」なのです。

そういうことが『歎異抄』の教えであると同時に、親鸞の信心の根幹ということなのです。

念仏には、謝罪と感謝、この二つを忘れないという意味があります。

念仏の念は「おもう」ですね。

おもう。おもいつづける。忘れない。

仏を念い続けて忘れない。インド語で「ブッダーヌスムリティー」といいます。瞑想などの精神統一「ビバーシャナ」とは少し意味が違います。

「ナムアミダブ」と申して仏を念い続けるというのが念仏です。

浄土真宗の場合、念仏の道というのは声に出して称えましょう、ということなのです。声に出して称えると物事を思う念が浮かんできまして、「こんな自分を生かしていただいている」という感謝を忘れないことになります。

実生活での具体的な効果としては、念仏があるということが手掛かりになって、私どもの普段の怒り、腹立ちなどが緩和されるということもあるでしょう。即座にスカッとなくなるわけではありませんが、現実にそういう効果はあると思います。

しかし、念仏は、単なるマインドセラピーではありません。ストレスを解消して終わり、ではないのです。

そこには生きていること自体に感謝し、苦労多き人生を絶対的に肯定する、大きな大きなメッセージが込められているのです。

あとがき

二〇一六年、私は、稀な機会をいただき、東京大手町のサンケイプラザホールにおける、一般社団法人仏教人生大学主催の講座「団塊世代の仏教入門」に、『歎異抄』を題材として仏教入門の講座をさせていただきました。

計五回の講座に、毎回少しずつ顔ぶれは変わりましたが、常時百二十人前後が参加され、熱心に聴講されました。聴衆の皆さんの熱意にうながされて思わず講義の時間が過ぎてしまいました。このようなことは甚だ珍しいことです。

宗教なかんずく仏教離れが喧伝される現在ですが、実は、多くの人々が、仏教に人生を大切に学ぼうという意欲を持ち、熱い願いを懐いておられるということを強く知らされました。身をお運びくださった聴衆の皆さんに感謝いたします。

このたび、この講座を発願された證大寺住職井上城治師と、講座の実行委員長であった證大寺の佐藤修三氏はじめ聴衆各位の強い要請をいただいて、このような本の形で講座の内容が公にされるようになりましたことは、まことに有難いことであります。

この講座では、私は、いくつかのことを強調いたしました。

一つは、他力とは仏教用語であって、他人の力を当てにするとか、自分が怠けて功績だけを得ようとするだらしないことではなく、我々の持つエゴイズムや自我意識を超越して、我々一切のものを生かしている大いなるはたらきである。これを親鸞は、「他力というは如来の本願力なり」といわれ、また「自然」とか「法爾」と言われたということです。

二つには、「ナムアミダブ」とは、そのような他力に対して感謝の心を表する明るい言葉であるということを申しました。

また、三つには、親鸞の場合、信心とは有るか無いかわからぬものを有るに違いないと決めつけたり、不確かなものを、確かなことだと思い込むことではなく、自分自身が愚かで無力であることに気づくこと、虚飾を離れることであるということを申しました。

そのほかにもお気づきの点があると思います。要するに、仏教、なかんずく親鸞の教えと生きざまは、決して年老いてからとか、死んでから必要なものではなく、かけがえのない人生を生きていく力の源泉であるということであります。

ひとりでも多くの方に心やすく触れていただきたいとの願いから、お話を組み立てましたので、専門的な知識をお持ちの方々にはものたらないことでありましょうけれどご海容いただきたく存じます。

最後に、この本の制作にご協力いただいた山下徹様、鍋嶋純様、そして産経新聞出版書籍編集部の仙波晃様にお礼を申し上げます。

二〇一七年一月二〇日
故郷の病床にある母榮子九十六歳の春を寿しつつ

九州大谷短期大学学長　三明　智彰

装丁デザイン　荻窪裕司
カバーイラスト　チユキクレア
本文組版　星島正明

三明智彰（みはる・としあき）

1954年、弘前市に生まれる。早稲田大学教育学部国語国文学科卒、東京大谷専修学院卒、大谷大学大学院文学研究科真宗学専攻博士後期課程単位取得満期退学。大谷大学助教授、愛知新城大谷大学教授・社会福祉学部長、九州大谷短期大学副学長を経て、現在、九州大谷短期大学学長。九州大谷真宗研究所所長。明教寺前住職。量深学場主宰。

著書・論文

『親鸞の阿闍世観―苦悩と救い―』『阿弥陀経講話』『願心の目覚め』『歎異抄講義』上下『生死と向き合う心がまえ』（法藏館）、『団塊世代の仏教入門 「歎異抄」に学ぶ―歎異の精神・弥陀の誓願・念仏往生の信―』（仏教人生大学）、『浄土三部経講座』1〜15（廣徳寺）、「親鸞の仏道体系―如来の誓願と行信―」（日本仏教学会編『仏道の体系』平楽寺書店）、「曽我量深における法蔵菩薩論の形成過程とその原理」（『大谷大学真宗総合研究所研究紀要』12）、「親鸞における見仏性の意義」（『真宗研究』31）、「諸仏の大悲―親鸞の道綽和讃の意義―」（『九州大谷研究紀要』40）、「親鸞の『顕浄土真実教行証文類』読解に関する一考察」（『九州大谷仏教学会論集「願心」』3）等

団塊世代の仏教入門

こころを満たす智慧

『歎異抄』を読む

平成29年3月30日　第1刷発行

著　　者　三明智彰
発 行 者　皆川豪志
発 行 所　株式会社産経新聞出版
〒100-8077 東京都千代田区大手町1-7-2 産経新聞社8階
電話　03-3242-9930　FAX　03-3243-0573
発　　売　日本工業新聞社
電話　03-3243-0571（書籍営業）
印刷・製本　株式会社 シナノ
電話　03-5911-3355

ISBN978-4-8191-1302-1　C0015
